www.tredition.de

Der Autor ist Jahrgang 1938. Er wuchs als Jüngster von vier Brüdern in Wilsdruff auf. Die Kindheit und Jugend von Erhart Neubert ist geprägt von Erlebnissen in und um diese Kleinstadt westlich von Dresden. Nach der Schulzeit begann er eine Lehre als Bergknappe und absolvierte ein Studium der Bergbautechnik. Nach einigen Jahren Tätigkeit als Steiger schloss er noch ein Pädagogikstudium ab. Bis 1999 war er als Pädagoge tätig und unterrichtete u.a. in den Fächern Mathematik, Technisches Zeichnen, Marketing und Betriebswirtschaft.

Im Jahr 2008 begann er, sich einen lang gehegten Wunsch zu erfüllen: Einige Begebenheiten nicht nur zu erzählen, sondern die zumeist heiteren, aber auch nachdenklichen Geschichten aufzuschreiben. Es sind nicht durchfließende Erinnerungen aus dem letzten Kriegsjahr und den ersten Nachkriegsjahren, die ihn immer wieder beschäftigten, sondern oft nur Erinnerungsfetzen. Die Kurzgeschichten sind Rückblicke auf seine frühen Jahre, die Tätigkeit im Steinkohlebergbau, aber auch auf die jüngere Zeit.

Ich danke allen Freunden, Bekannten und

ehemaligen Bergbaulehrlingen

für die Gespräche, in denen wir über

gemeinsame Erlebnisse und Begebenheiten

gesprochen haben und in denen so manche

Erinnerung aus dem Gedächtnis

zum Leben erweckt werden konnte.

Erhart Neubert

Schokolade
statt
Bergmannsschnaps

Geschichten
aus dem Bergbau und von anderswo

www.tredition.de

© 2012 Erhart Neubert

Verlag: tredition GmbH, Mittelweg 177, 20148 Hamburg
Printed in Germany
ISBN: 978-3-8472-1225-6

Bibliografische Information der Deutschen Nationalbibliothek:
Die Deutsche Nationalbibliothek verzeichnet diese Publikation in
der Deutschen Nationalbibliografie; detaillierte bibliografische Da-
ten sind im Internet über http://dnb.d-nb.de abrufbar.

Inhaltsverzeichnis

Schokolade statt Bergmannsschnaps

Allzu viel ist ungesund. Es hat sich schon so mancher, den ich kenne oder kannte, ein Zuviel an allerlei Dingen zugemutet. Weil jeder Mensch dank der „Schöpfung" anders ist als sein Nachbar, Kollege oder Mitspieler einer Mannschaft, ist das Maß des Vertragens auch recht unterschiedlich. Der eine Nachbar raucht seit Urzeiten Tabakspfeife, der andere hat mit knapp 60 Jahren eine böse Krankheit. Ein sensibler Fußballspieler spielt den toten Mann nach einem erlittenen Foul, beschimpft noch den Schiedsrichter und fliegt aus dem Spiel. Der andere steckt das weg, haut aber nach wenigen Minuten ordentlich zurück. So lässt sich über das Maß der Dinge trefflich philosophieren, denn Durchschnitt ist sowieso nur mathematisch gesehen eine exakte Größe, gilt jedoch kaum für die Dinge des Lebens.

Wer in Lebensdingen wie der Durchschnitt der Menschen sein möchte, findet nie „sein" Maß oder bleibt eben ewig ein blasser etwas Durchschnittlicher, der nie auffällt, weder positiv noch negativ. Aber wie findet nun jeder zum rechten Maß? Kann er den richtigen Weg immer selbst finden oder braucht er eine Hilfestellung in Form von Lockmitteln. Selbst ein Wachhund lässt sich vom Dieb mit einer Leberwurst oder einem leckeren Knochen mit reichlich Fleischanhang ruhig stellen.

Nun zu Schokolade und Bergmannsschnaps.

Es will sich mir in den Jahren unseres Jahrtausends überhaupt nicht erschließen, dass Schnaps ein Lockmittel gewesen sein soll. In Zeiten jedoch des fast Totalmangels, also der Jahre nach den zweiten Weltkrieg, wurden Dinge zum Lockmittel, die zum Überleben notwendig waren oder doch wenigstens ab und zu für lustige Stunden sorgten. Für Familien waren in erster Linie die Lebensmittelkarten wichtig, wohlgeordnet zum Beispiel für Leicht-, Schwer- oder Schwerstarbeiter. Bergarbeiter im Steinkohlenbergbau erhielten selbstverständlich die Lebensmittelkarte für Schwerstarbeiter. Also mussten andere Lockmittel sein, um junge oder ältere Männer in die tieferen Etagen der Erde zu locken. Einhundert Zentner Briketts konnten, die Sommermonat abgerechnet, schon für eine schöne warme Wohnung in den Wintermonaten sorgen.

Der Rest war sehr gut tauglich als Tauschobjekt für jedwede Begehrlichkeiten. Und dann war ja noch der Bergmannsschnaps. Zwei Liter pro Monat für Jeden, bei Übererfüllung mehr oder auch sehr viel mehr. Für den „Eigenverzehr" war das für die meisten Kumpel nicht zu schaffen. Also: Auch der Bergmannsfusel war ein beliebtes Tauschobjekt. Weil der Steinkohlenbergbau im Freitaler Raum dringend Nachwuchs brauchte, sowohl für die alltägliche harte Arbeit der Hauer, Förderleute, Zimmerer als auch für den ingenieurtechnischen Nachwuchs, lockten Werber, man würde sie heutzutage neudeutsch Scouts nennen, in Dresdner und Freitaler Schulen für den Steinkohlenbergbau. Entweder frische Luft auf den Gerüsten der Bau-Union Dresden beim Wiederaufbau Dresdens oder Dunkelheit und einige hundert Meter in die Tiefe des Plauenschen Grundes?

Ein Plakat zu Beginn der 50er Jahre

„Ich bin Bergmann? – Wer ist mehr!"

kann da schon etwas bewirkt haben. 40 Zentner Deputatkohle erhöhten vielleicht gerade für Großstädter die Wirkung. Aber Schnaps für Bergbaulehrlinge ? Das ging natürlich nicht.

Deshalb erhielten wir Berglehrlinge statt Schnapsmarken Gutscheine für Schokoladentafeln, einzulösen in einem HO-Laden auf der Weißiger Straße in Freital. Die Qualität der Schokolade war sehr gut. Aber weil die Lehrlinge ihre Norm regelmäßig übererfüllten, einmal sogar die Henneckeprozente mit sagenhaften 504% weit übertrafen, setzte eine Schokoladenflut mit bis zu 20 Tafeln im Monat ein.

Auch die Schokoladentafeln waren natürlich als Tauschobjekt einsetzbar. Auf der Heimfahrtmit mit der Schmalspurbahn von Freital nach Wilsdruff schleckerten Mädchen, die ebenfalls in Freital einen Beruf erlernten, sehr gern mit. So ist das mit dem Maß der Dinge. Das Bergleute nach einer harten Schicht gern auch ein Bierchen zu sich nehmen, ist gut zu verstehen. Es muss ja zum Tag des Bergmans nicht immer ein ganzer Eimer sein.

Ausflug zum Tag des Bergmannes

8

Ich bin Bergmann! – Wer ist mehr?

A nfang der 50er Jahre. Die Wahl des zu erlernenden Berufes stand an. In der kleinen Stadt ungefähr 10 Kilometer westlich von Dresden konnte man so ziemlich jeden Handwerksberuf erlernen, natürlich auch kaufmännische Berufe und im IFA-Fahrzeugwerk auch Industrieberufe wie Schlosser oder Tischler.

Aber was wollte ich denn eigentlich? Meine handwerklichen Fähigkeiten, andere Jungen in meinem Alter waren höchst kunstfertig bei Laubsägearbeiten, hielten sich in engen Grenzen. Ich fühlte mich zum handwerklichen nicht sehr hingezogen. Das ist übrigens bis heute so geblieben. Kommunikativ, wie man heute sagt, war ich besser drauf. Die Lehrer drückten das allerdings anders aus. Auf den Zeugnissen hieß das: Sein allgemeine Beurteilung wird durch sein vorlautes Betragen wesentlich verschlechtert. Oder: Sein Verhalten entspricht seinem Temperament. Oder: Sein Betragen ist oft tadelhaft.

Meine Mutter war nach Elternabenden oft sehr betrübt, denn ihre Söhne sollten doch immer zu den Besten oder doch wenigstens nicht Auffälligen gehören. Sie hatte wohl keine Erkenntnis darüber, dass nicht alle Menschen gleich sind und es auch in einer Familie trotz erzieherischen Einflusses sehr unterschiedlich Ausprägungen geben kann. Die Schwiegertochter, die ihren Vorstellungen genügend entsprochen, hätte, konnte kaum geboren werden.

Sie erzählte mir einmal, da war sie immer noch ganz außer sich, mein ältester Bruder hätte sogar ganz bewusst Fehler im Fach Deutsch gemacht, nur um den Oberlehrer Luft zu ärgern. Im Vergleich mit mir waren die zweit- und drittältesten Brüder viel pflegeleichter. Der Dritte, einundeinhalb Jahre älter als ich, war sogar Freundschaftsratsvorsitzender der Jungen Pioniere an der Schule mit hunderten Schülern und da war es ziemlich schlimm, dass ich regelmäßig mit zwei anderen Schülern als Hauptrüpel und Flegel genannt wurde.

Ob nun diese Lebhaftigkeit oder die Tatsache, dass mein Vater selbständiger Malermeister war, den Ausschlag gab. Ich wurde letztendlich nach Abschluss der Grundschule nicht an die eigentlich vorgesehene Oberschule nach Nossen geschickt.

Weil diese Entscheidung der Schulleitung kurzfristig getroffen wurde, war guter Rat teuer. Die wenigen Lehrstellen in der Kleinstadt Wilsdruff waren vergeben. Meine Mutter machte sich mit mir an mehreren Tagen, die Ferien hatten schon begonnen, von Wilsdruff aus auf den Weg in die auch für sie „größere Welt", was ihr bei ihrer Bodenhaftung und vieler, ich denke manchmal auch überflüssiger Aktivitäten in Haus und Wohnung, schwer gefallen sein dürfte. Mit der Kleinbahn zunächst nach Freital-Potschappel und von da mit der „Großbahn", wie die Normalspur im Gebrauch der Kleinstädter hieß, nach Dresden. Diese Fahrten, wir benutzten auch manche Straßenbahnlinien, fand ich richtig schön und als willkommene Abwechslung. Wir klapperten Betriebe von Heidenau bis nach Radebeul ab. Vom Elbtalwerk Heidenau über das Transformatorenwerk Dresden-Übigau, über die Heiden-Chemie in Radebeul bis zum Rumbo-Seifenwerk in Freital. Es war keine Lehrstelle in Betrieben des Maschinenbaues, der Elektrotechnik oder der Chemie mehr zu haben. Die Rettung brachte die Mutter eines Schulkameraden. Ihr Sohn hatte einen Lehrvertrag im Steinkohlenwerk Freital als Bergknappe erhalten, weil sein Onkel dort Ausbildungsleiter war. Ein Bergmann in der Familie? Das war neu und keiner in der Familie, außer dem Vater, auch nicht die viel älteren Brüder, hatten eine Ahnung, was da auf den Jüngsten zukommen könnte. Aber der Vater hielt sich aus solchen Entscheidungen heraus. Also begann ich im September Ausbildung als Bergknappe an der Zweijahresschule im VEB Steinkohlenwerk Freital. Nahezu zwei weitere Jahre theoretischer Unterricht in Bergbaukunde, Geologie, Physik und vor allem: Jeden Tag zwei Stunden Sport.

Plakat 1952

Das war eigentlich nach meinem Geschmack und damals gewissermaßen auch ein bisschen Ersatz für die entgangene Oberschule. Später, die praktische Ausbildung Untertage war für die Lehrlinge erst nach dem 16. Geburtstag möglich, ging es in die Tiefen des Plauenschen Grundes. Es war für mich, ein körperlich nicht gerade als Herkules ausgestatteter Jüngling, schon eine schwere Zeit. Aber genau diese drei Jahre Ausbildung, insbesondere die Untertagezeit hat mich in Verhaltensweisen wie Disziplin und Hilfsbereitschaft, Zuverlässigkeit und Füreinanderdasein geprägt.

Dafür bin ich meinen Ausbildern, vorwiegend älteren Bergleuten ohne jedwede pädagogische Ausbildung, sehr dankbar. Sie haben mich vor allem die menschliche Seite des Daseins gelehrt. Auch wenn der berufliche Weg später andere Wendungen nahm. Diese Lehrzeit, dieser Beruf macht mich heute noch stolz und ich kann sagen:

Ich war Bergmann! Wer war mehr?

Siebzehn-ohne-Tunke und andere Spitznamen

So mancher trägt einen Spitznamen mit sich herum. Oftmals ist er unter diesem bekannter als mit seinem geburtlichen Namen. Hätte man in den 80er Jahren eine kleine Umfrage unter Dresdener Bekannten, Arbeitskollegen und Freunden gemacht, was sie gedanklich mit dem Wort „Dixi" verbinden, wären die Antworten vermutlich schwankend in zwei Richtungen getaumelt. Einmal dürfte das damals schon populäre Dresdner Dixiland-Festival eine Rolle gespielt haben, zum anderen, besonders bei Sportkundigen, hätte der Fußballer Hans-Jürgen Dörner sicher auch auf viele Stimmen zählen können.

Spitznamen werden aus oftmals nichtigen, lustigen oder auch ernsteren, einmaligen Begebenheiten oder andauernden Eigenschaften geboren. Sieben Jahre nach dem Krieg begann ich meine Lehrzeit als Bergknappe im Steinkohlenbergbau. Eine Reihe Mitschüler lernten einen Bauberuf, strebten also von der Erde nach oben auf die Baugerüste der Bau-Union Süd. Mancher von ihnen blickt mit berechtigtem Stolz auf Bauten in Dresden, an denen er beteiligt war.

Mein Weg führte mich nach unten, in die Erdentiefe des Plauenschen Grundes, des Döhlener Kohlebeckens. Schon der erste Teil der Lehrzeit, noch Übertage, offenbarte etwas Bergbautypisches. Nahezu jeder der Arbeiter auf dem Schachtgelände, sofern er vorher Untertage tätig war, hatte außer manch körperlicher Beeinträchtigung auch seinen Spitznamen mit nach oben gebracht. Noch lustiger wurde es, als wir mit einfahren durften. Da gab es ein Sammelsurium an „Persönlichkeiten" wie Adenauer, Göbbels, Hitler, Molotow, Stalin, Stülpner und Tarzan. Zu Lenin gesellte sich später auch noch Lenin der Jüngere hinzu. Das gesamte Alphabet war vertreten, von Angelina und Buschhexe über Christbaumspringer, Kreiselpeitsche bis Tut-Tut, Wildsau, Zementede und Zuckerhut.

Es hieß dann nicht, welche Schicht Werner R. habe, sondern welche Schicht die Bellabimba habe. Er war Lokfahrer und hatte den Schlager „Die Blumen sind für Bella Bimba ...", wahrscheinlich sehr oft, vor sich hin geträllert.

Wenn sich ehemalige Bergleute, so um meinen Jahrgang herum auf den jährlichen Traditionstreffen unterhalten, verbinden wir Spitznamen wie Hochstapler, Sieben-mal-Bettwäsche oder Perlonpuppe sofort mit einem Gesicht oder einer Tätigkeit. Nach dem Familiennamen wird oft länger gerätselt.

Aber nun zu Siebzehn-ohne-Tunke.

Heinz R. war ein großer, breitschultriger, erfahrener Hauer. Dem Charakter nach ein ruhiger Kumpel, der seine Anerkennung aus seinen Leistungen bezog. Als Bergarbeiter bekam er zwar die Lebensmittelkarte für Schwerstarbeiter, aber die harte Arbeit forderte einen Nachschub an Kalorien weit über die Karte hinaus. In dieser Zeit waren Haltung von Kaninchen und Hühnern sowie der Anbau von Gemüse und Kartoffeln auf seinem Dorf eine Selbstverständlichkeit. Weil er sowieso ein Unruhegeist war, nutzte auch er jeden möglichen Quadratmeter Boden, der ihm zur Verfügung stand, zur Selbstversorgung.

Eines Tages wurde ihm eine Einladung zu einer Hochzeit zuteil. Kulinarische Glanznummern waren zwar nicht zu erwarten, aber von der Menge erhoffte man schon ein Etwas. Die Gastgeberin hatte ihr Möglichstes getan. Die Fleischportionen waren zwar nicht gar so üppig. Beilagen dagegen, Klöße als veredelte Kartoffeln aus eigenem Anbau, türmten sich auf dem Tisch. Nachdem nun die jedem Gast gereichte Portion vertilgt war, blieb auf dem Tisch eine Schüssel mit einer ansehnlichen Anzahl Klöße zurück.

Aber eben nur Klöße, keine Fleischreste, kein Kraut, keine Soße. Der Magen von Heinz signalisierte ihm, dass er noch nicht gefüllt sei. Die Unterhaltung der anderen, offensichtlich Gesättigten, war inzwischen mit kräftiger Unterstützung durch reichlich vorhandenen Bergmannsschnaps, angelaufen. Quer über den Tisch, längs über den langen Tisch, der Geräuschpegel stieg an. Und so konnte sich Heinz in aller Ruhe über den Rest der Klöße hermachen. Einen nach dem anderen, auch ohne Fleisch und Soße.

Am Tisch hatten auch einige andere Schachtleute gesessen. Einer von ihnen musste wohl mitgezählt haben, wie viel Klöße Heinz ohne jeden Zusatz vertilgt hatte.

Einige Tage später war in Grube auch von der Hochzeit im Nachbardorf die Rede. Wie es denn so gewesen sei. Seitdem hatte Heinz seinen Spitznamen weg: Siebzehn ohne Tunke.

Ein anderer Fall war Herbert P. Etwas schmal gebaut, traute man ihm eher keine Spitzenleistungen zu. Trotzdem fand er, weil er seine Arbeit gut organisierte, einen Platz in einer Hauerbrigade. Wie bei manch anderen Bergleute auch, wurde zu Hause oft über die Arbeit gesprochen.

Die schwere, gefährliche Arbeit lässt sich sicherlich sehr anschaulich schildern. In meiner Zeit als Lehrer hätte man im Klassenzimmer fallende Blätter hören können, wenn ich aus dem Nähkästchen meiner Tätigkeit Untertage plauderte. Herbert lag das farbige und lebendige schildern seiner Arbeit eher nicht so gut. Die Frau von Herbert war jedoch recht stolz auf ihren Mann, denn nach dem Wenigen, was er von sich gab, durfte sie auf ziemliche Heldentaten ihres Angetrauten schließen. Könne er denn nicht auch ohne viele Worte vormachen, was da vor Ort, vor der Kohle, so abgehe. Herbert überlegte und hatte eine zündende Idee. Er nahm einen kräftigen Schaufelstil und klemmte ihn hinter den oberen Teil des Küchenschrankes. Nun wippte er hin und her. Die Frau möge sich doch folgendes vorstellen. Der Schaufelstil sei die Spitze des Presslufthammers und damit drücke er jetzt die Kohlewand nach vorn. So, siehst du. Herbert drückt und drückte, damit sich der Schrank der Anschaulichkeit wegen doch vielleicht zwei oder drei Zentimeter neigen möge. Vielleicht hatte seine Frau das nicht wahrgenommen, jedenfalls glaubte Herbert noch etwas stärker drücken zu müssen. Und da geschah es. Herbert rutschte weg, der Druck auf den Schrank wurde unkontrollierbar. Die Schranktüren öffneten sich, das Geschirr polterte in die Küche und das Kippmoment des Schrankes war überschritten. Wie ich mich erinnere, hat Herbert dummerweise die Geschichte einigen Kumpels beim Frühstück selbst serviert. Er habe seiner Frau nur einmal das Einreißen einer Kohlewand demonstrieren wollen. Das war's. Von da an war ein neuer Spitzname geboren: Wändeeinreißer. Im Gegensatz zu anderen Bergleuten war er übrigens auf seinen Spitznamen wenig ansprechbar. Dies führte jedoch eher zur Verfestigung des Namens.

14

Der Baggerbeißer

D as Telefon klingelt. Die Sekretärin des Werkleiters ist dran. „Sie möchten bitte gleich zum Kollegen B. kommen." Nanu, denke ich, der Werkleiter ist mir doch erst vor wenigen Minuten begegnet, in Grubenbekleidung und auf dem Weg in Richtung Schacht Zwei und es kommt eher selten vor, dass er sich für die Belange der Betriebsakademie interessiert.

Er war drei oder vier Jahre älter als ich und hatte an der Bergingenieurschule Zwickau ein Jahr vor mir studiert. Während ich fast unmittelbar nach der Lehrzeit als Bergknappe, eigentlich mit recht wenig praktischen Bergbauerfahrungen, sehr schnell an die Bergschule „stolperte", hatte er schon eine recht erfolgreiche Vergangenheit als Jugendbrigadier hinter sich gebracht und war deshalb im Zwickauer Bergbau und damit an der Ingenieurschule gut bekannt.

Seine Sachkenntnis und Durchsetzungsfähigkeit hatten ihn sehr schnell in verantwortungsvolle Stellungen geführt. Auch in seine jetzige Funktion war er aus einer Tätigkeit im „Kraftwerk der Jugend Klettwitz", einem Braunkohlentagebau mit Kraftwerk, als Leiter einer „Roten Brigade" im Steinkohlenwerk Freital berufen worden. Die Brigade sollte Missstände untersuchen. Auch diese Aufgabe löste er fachlich und menschlich sehr gut. Was lag näher, als ihn danach als Werkleiter zu berufen.

Zurück zum Telefonat.

Bildung ist für ihn, den Vollblutbergmann, eigentlich eher ein notwendiges Übel. Was wird er den von mir wollen? Ich sitze ihm gegenüber und weiß nicht, was mich erwartet.

„Wie läuft denn der Meisterlehrgang so an deiner Schule?", fragt er mich. Es ist sonderbar, dass ihn der vor etwa drei Monaten begonnene Meisterlehrgang so sehr interessiert, dass er nur deshalb noch einmal zurück gekommen ist. Ich berichte ihm, dass die Brigadeleiter im Unterricht mehr oder weniger gut zurechtkommen, sich sicher noch an die schulischen Anforderungen gewöhnen müssen. Schließlich haben sie viele Jahre keine Schulbank gedrückt, sondern harte Arbeit unter Tage geleistet. „Mit dem Fächern rund um die Bergbautechnologie gibt es keinerlei Probleme", berichte ich, „eher schon mit den Grundlagen der Mathema-

15

tik und schriftlichem Ausdruck." „Na ja", meint er, „deine Schüler müssen ja aber doch keine Mathematiker und Schriftsteller werden".

Was will er nur, denke ich. Wir reden noch über einige Inhalte und dann rückt er mit der Sprache heraus. „Gerhard L. war bei mir. Er will den Lehrgang schmeißen", sagt er und schaut mich prüfend an. „Er hat bei dir im Fachrechnen drei Mal hintereinander eine Fünf bekommen". Er rückt näher an mich heran. „Du musst den L. irgendwie durchbringen, lass dir etwas einfallen".

Ich weiß, Gerhard L. ist Meisterhauer der DDR, Verdienter Bergmann des Volkes, mehrfacher Aktivist sowieso und ein wirklich guter Bergmann. Ein Wühler. Vor einigen Monaten hat er mit seiner Brigade sogar einen neuen DDR-Streckenrekord beim Auffahren eines Grubenbaues aufgestellt.

Er stammt aus einem kleinen Dorf in Schlesien. Die Schule hat nur zwei Klassen und sowieso muss er vor und nach der Schule bei einem Bauern helfen, bei dem er auch nach der Schule arbeitet. Vor Kriegsende muss er als junger Bursche noch an die Ostfront und landet als Kriegsgefangener in einem ukrainischen Kohlebergwerk hinter dem Ural. Von dort führt ihn zwei Jahre nach Kriegsende der Weg in den sächsischen Uranerzbergbau. Es dauert nicht lange, bis man ihm eine Brigade führen lässt.

Umsichtig und fachkundig organisiert er alle bergmännischen Belange seiner Brigade und überlässt schriftlichen und rechnerischen Kram seinem Stellvertreter Heinz, der die Schule bis zur elften Klasse absolviert hat, ehe auch der als Flakhelfer in den Krieg geht.

Andere Meisterschüler hatte ich mit dem Ausblick auf ein entsprechendes Zeugnis, vielleicht auch für späteren Gebrauch außerhalb des Bergbaus, ködern können. Gerhard hatte sich gesträubt, bis ihn schließlich Werkleiter und Parteisekretär „verdonnert" hatten, am Meisterkurs teilzunehmen. Möglich ist, was ich nicht weiß und fragen kann ich ihn nicht mehr, dass er einen entsprechenden Parteiauftrag erhalten hat.

Ich, der nach der Grundschule eine Lehre als Bergknappe mit all ihren körperlichen Härten durchlaufen hat, kann mich schon irgendwie in Gerhard hinein fühlen. Aber wie kann ich ihn zunächst wenigstens dazu bringen, die Brocken nicht einfach sofort hinzuschmeißen.

Für die nächsten Wochen habe ich eine Taktik, wie das vielleicht gelingen kann. Noch vor dem nächsten Unterrichtstag, die Teilnehmer sind einmal in der Woche freigestellt, fahre ich zur Frühschicht in die Grube ein. Einzig und allein, um mit Gerhard an seinem Arbeitsplatz ins Gespräch zu kommen. Ich weiß, dass es schwierig wird. Die ausfahrende Nachtschicht der Brigade habe ich abgepasst und weiß nun ungefähr, wann bei Gerhard vor Ort gesprengt werden wird. Meine Absicht ist es, die eintretende Pause nach der Sprengung für ein Gespräch mit ihm zu nutzen. Nachher, wenn er am Überkopflader, wie der Bagger richtig heißt, loslegt, habe ich keine Chance mehr. Ich warte einige hundert Meter entfernt, bis ich die Schüsse höre und mache mich auf den Weg.

Von weitem schon rieche ich den Pulverdampf, der sich nach der Sprengung noch nicht vollständig verzogen hat und sich in meine Atemwege beißt. Meine Überlegung ist richtig. Im Halbdunkel sitzt Gerhard mit seinem „Spannemann" Heinz H. Sie nutzen die Pause für ein vorgezogenes Frühstück.

Dem „Glück auf" hin und her folgt ein scheeler Blick und die Frage:„ Was willst du denn hier?" Ich habe mir natürlich einen Gesprächsübergang ausgedacht. „Der Hauptgeologe meint, ich kann bei dir nach dem Schießen mit etwas Glück ein schönes Fossil, einen Farnabdruck finden." Nach einigen Minuten Gespräch über Pflanzenabdrücke, der Pulverdampf ist weitgehend abgezogen, gehen wir vor Ort. Da liegt er vor uns, ein Teil der Erde, den niemand vor uns sah.

Für mich ist genau das immer wieder eine Situation, die nur ein Bergmann erleben kann. Beiläufig, bei der Suche nach einem Abdruck, frage ich: „Kannst du ab übernächster Woche für zwei Monate einen Hauer-Umschüler übernehmen? Er soll bei dir vor allem den Umgang mit dem Bagger kennenlernen." Ich sage das deshalb zu Gerhard, weil er ein „Virtuose der Baggerbedienung" ist.

Nach seiner Zusage komme ich zu meinem eigentlichen Anliegen. „Ich übergebe dir den besten Umschüler der Klasse, weil ich weiß, du bringst ihm die Baggerbedienung am besten bei. „Er soll vielleicht in einem oder zwei Jahren eine Jugendbrigade übernehmen. Ich denke, er könnte später sogar ein Bergbaustudium aufnehmen."

Jetzt bin ich ganz nah dran. „Ja, da ist dein Umschüler schon an der richtigen Adresse", sagt Gerhard. Nun ist der entscheidende Moment gekommen. „Gerhard", sage ich, „du solltest dir aber überlegen, ob du gerade jetzt, mit der Betreuung des Umschülers, den Meisterkurs so mir nichts dir nichts abbrechen kannst. Das kommt in drei Monaten immer noch zurecht. Vielleicht kann dir gar der Umschüler ein bisschen bei der

Bruchrechnung oder Prozentrechnung helfen. Er freut sich auch sehr schon darauf, dass er in deiner Brigade und noch dazu in deiner Schicht eingesetzt werden soll. Du musst jetzt noch zwei oder drei Monat durchhalten."

Mit dem jetzt folgenden Gefühlsausbruch habe ich nicht gerechnet. Gerhard schaut mich an. Geht einige Schritte hin und her. „Warum müsst ihr mich mit Bruchrechnung und dem ganzen Kram quälen. Ich will Bergmann sein, ich will weiter nichts als arbeiten. Lasst mich arbeiten und sonst nichts. Bring mir deinen Lehrling und vielleicht

Überkopflader (Bagger)

kann er den Bagger dann sogar besser als ich bedienen, aber lass mich mit deiner Rechnerei in Ruhe".

Dann steht er an den Bedienungshebeln und lässt die Pressluft langsam in den Bagger strömen, dreht sich aber noch einmal zu mir um und brüllt so laut er kann: „Ich will ja gern deinen ganzen Zahlensalat begreifen, aber es will einfach nicht in meinen Kopf hinein. Ich sitze abends zu Hause, Stunde um Stunde, es will einfach nicht in meinen Kopf hinein."

Er lehnt sich mit der Stirn auf seinen Bagger, klatscht mit den Händen darauf und scheint nur ihm zuzuflüstern: „Du verstehst mich wenigstens." Er streichelt seinen Bagger und plötzlich, ich glaube nicht richtig zu sehen, öffnet er den Mund und beißt wahrhaftig hinein in seinen Liebling. Ich zucke mit den Schultern und blicke zu seinem Spannemann Heinz H., dessen sonst kupferfarbener Bart sich im Halbdunkel kaum noch aus seinem Gesicht abhebt.

Heinz versteht mich sofort, geht zu Gerhard und sagt: „Dein Lehrer hat ja recht, aber jetzt müssen wir erst einmal vor Ort weitermachen. Schlaf noch einmal darüber und dann sehen wir weiter."

Ich klopfe beiden auf die Schulter, verabschiede mich mit Glückauf. Weiteres Reden ist jetzt sinnlos, aber ich weiß, dass Heinz natürlich keinen geringen Einfluss auf Gerhard hat.

Nun kann ich nur noch warten, ob meine Taktik aufgeht. Ich biete ihm außerdem an, dass wir uns wöchentlich zweimal eine Stunde ganz allein mit der Rechnerei beschäftigen könnten, ohne dass es Andere „spitzkriegen".

Am nächsten Schultag kommt Gerhard vor dem Unterricht auf mich zu und bittet: „Ich mache erst einmal weiter. Das letzte Gespräch bleibt aber doch unter uns." Ich nicke ihm nur zu.

In der Folge lege ich die nächsten drei Leistungskontrollen in Mathematik sehr, sehr leicht an. Viele der anderen Meisterschüler wundern sich etwas, freuen sich aber über ihre Eins. Mit den Rechenkünsten von Gerhard gehe ich außerdem recht großzügig um. Er erhält zweimal eine Drei und einmal eine Zwei. Wie ich erst später erfahren habe, ist er nach der Zwei mit den Blättern und wohl auch etwas Stolz zum Werkleiter gegangen und hat sie ihm gezeigt. Dazu hat er ihm mitgeteilt: „Ich glaube, ich kann es doch schaffen. Ich mache weiter."

Den Baggerbiss habe ich natürlich wie versprochen für mich behalten. Nach der Übergabe der Meisterurkunden und der Feier mit einigen Alkoholitäten hat sie Gerhard selbst im Kreis seiner Mitschüler zum Besten gegeben.

Die Lehrlinge, die ich danach regelmäßig für einige Wochen bei ihm einsetzte, um sie mit dem Streckenvortrieb vertraut zu machen, konnten bergmännisch sowieso viel von ihm lernen.

Er erkundigte sich jedoch nun oft selbst bei mir, wie es um die theoretischen Leistungen der Lehrlinge stünde, was er vorher wohl kaum getan hätte. Der Baggerbeißer war ab seinem Meistabschluss einer meiner treuesten Verbündeten, wenn ein Lehrling mal einen Anstoß für besseres Lernen oder auch sonstiges Benehmen und Auftreten brauchte.

Jahre später musste er die Tätigkeit als Hauerbrigadier aus gesundheitlichen Gründen aufgeben, wurde jedoch auf Grund seiner bergmännischen Erfahrungen als Hilfssteiger eingesetzt. In dieser Tätigkeit benötigte er nun öfter die ihm Jahre vorher so unverständlichen Grundlagen der Mathematik.

Einmal sagte er scherzhaft zu mir: „Weißt du, vielleicht hat gerade der Baggerbiss eine Reaktion in meinem Kopf ausgelöst. Aber der Trick mit den leichten Kontrollarbeiten in Mathematik war wirklich gut."

Die Russen im Haus

F rühjahr 1944. Ich wurde eingeschult, damals geschah das um die Osterzeit. Ich erinnere mich, dass ich als eine der ersten Übungen Osterhasen in vorgegebene Zeilen malte, ehe die ersten Buchstaben an der Reihe waren.

Mein Vater war im Krieg und ich hatte ihn bis dahin nur einmal kurz gesehen, als er auf Kurzurlaub war. Wie es meine Mutter fertig gebracht hatte, meine Zuckertüte recht gut zu füllen, kann ich nur vermuten. Das ist so eine dieser Fragen über die Zeit des Vorfriedens und des Nachkriegs, die man hätte früher stellen sollen. Auch an zahlreiche Fliegeralarme bei Tag und Nacht kann ich mich gut erinnern. Erwachsene, die im Februar 1945 verbotenerweise aus dem Dachfenster geschaut hatten, erzählten vom roten Feuerschein in Richtung Dresden und wenige Tage später tauchten auch bei einem Nachbarn ausgebombte Verwandte aus Dresden aus. Am 26. April 1945 wurde die Autobahnbrücke über das Saubachtal von SS-Einheiten gesprengt. Ich weiß noch, dass zuvor in unserem Haus alle Fenster geöffnet wurden, was mir etwas seltsam erschien. In den ersten Maitagen donnerten dann viele Panzer an unserem Haus in Richtung Bahnhof vorbei. Es sind Tigerpanzer gewesen,

Sinnlose Sprengung der Autobahnbrücke

hieß es. Zunehmend war kräftiger Geschützdonner zu vernehmen und ich verbrachte diese Zeit, wie auch die Zeit während mancher Fliegeralarme zuvor, im Keller unsres Hauses, auch Luftschutzraum, kurz LSR, genannt.

Die vorbereitete Flucht mit einem vollgepackten Fahrradanhänger hatte meine Mutter aufgegeben. Ein Onkel, der eigentlich helfen sollte, hatte gemeint, dass sich jetzt jeder selbst der nächste sei.

Wohin auch sollte meine Mutter auch mit drei Jungen, deren Jüngster ich mit reichlichen sechs Jahren war. Also wurde ausgepackt und wieder war der Keller mit allen Hausbewohnern und einigen Nachbarn das „Rückzugsgebiet." Noch am siebenten Mai wurde Wilsdruff zur Festung erklärt, doch die SS-Einheit Frundsberg war sehr schnell Richtung Altenberg abgezogen.

Dann waren sie plötzlich da, die Russen. Mein Platz war damals, wie auch während der Fliegeralarme, in einer großen Badewanne in einer Ecke des Kellers. Wie viele Personen sich im Keller befanden, weiß ich nicht, aber Robert G., er wohnte im Erdgeschoss, war dabei. Er muss wohl schon etwas debil gewesen sein, oder auch nur so nervös, dass er dachte, die SS kommt zurück, die nur Stunden vorher einen Gefechtsstand in eben diesem Keller hatte einrichten wollen. Auf jeden Fall hob er die Hand zum Hitlergruß und hat, man muss sich diese Kapriole bildlich vorstellen, auch den Hitlergruß genannt. Er war zwar vorher instruiert worden, aber Robert hat wohl nicht mehr alles erfassen können.

Ob die Russen das Handheben nicht wahrgenommen haben oder merkten, dass da einer die „Wende" nicht mit bekommen hat, kann mir heute leider niemand mehr sagen. Der Russe blickte ihn an, schüttelte den Kopf und drückte seinen Arm herunter. Sehr gefährlich war es auf jeden Fall.

Die Russen durchkämmten dann das Haus. Weil meine Mutter, vielleicht wegen ihres sprichwörtlichen Ordnungssinnes unsere Wohnung im zweiten Stock abgeschlossen hatte, war der einzige Schaden die eingetretene Wohnungstür, die mir noch viele Jahre mit einer eingesetzten Sperrholzplatte in Erinnerung ist.

Danach haben sich die Russen erst einmal auf eine drastische Art verabschiedet. Sie haben einige gefüllte Konservengläser leer gegessen. Sie ließen aber nicht alle Gläser leer zurück. Zwei Gläser waren anschließend wieder etwas gefüllt: Unser Trockenklo war ihnen wohl nicht fein genug.

Nicht weit von uns, in einer Leimfabrik, hatten die Russen eine Kommandantur eingerichtet. Den Offizieren haben aber wohl die dortigen Räumlichkeiten nicht recht zugesagt. Jedenfalls fanden sie die Wohnung im Erdgeschoss unseres Hauses gemütlicher. Es kann auch sein, das die günstige Lage des Hauses die Kontrolle der Bahnhofstraße als wichtiger Durchgangsstraße erlaubte. Die abrückende SS hatte doch gerade hier einen Gefechtsstand einrichten wollen.

Im Wohnzimmer haben die Russen ausgiebig ihren Sieg gefeiert. Reste der lautstarken Gesänge hängen bestimmt noch im Gemäuer. Meine Mutter hat immer nur wenige Andeutungen zum Verhalten der Befreier gemacht. Heute weiß ich, dass sie nicht ungeschoren davon gekommen ist. Nach einigen Monaten wurde die Stadtkommandantur aufgelöst und nach Meißen, der damaligen Kreisstadt, verlegt.

Bis dahin aber stand vor unserem Haus ein russischer LKW mit recht wohnlichen Aufbauten. Rechts und links in ihnen befanden sich aufklappbare Bänke, in deren Inneren riesige Speckseiten zum Vorschein kamen, denn die Russen hatten uns Kinder zum Essen eingeladen. Sie brieten auf einem Ofen Bratkartoffeln mit viel, viel Speck und Rauchfleisch. Bratkartoffeln kannte ich, doch neu war, dass die Russen dazu einfach rohe Kartoffeln in einem riesigen Tiegel brieten. Unter einem anderen Deckel der Bank kamen dann noch Mengen von Süßigkeiten zum Vorschein. In Erinnerung habe vor allem eine Vielzahl von Schaumstofffiguren behalten. Eine normale Verpflegung für die Soldaten war das sicher nicht. Irgendwo werden sie das Zeug, vielleicht auch für Kinder, mitgenommen haben.

Begegnung mit dem Vater

J eder hat einen Vater, zumindest biologisch. Mancher Vater ver-
schwindet für seine Kinder aus ihrem Blickfeld, zeitweise oder auch
für immer. In den Zeiten meiner frühen Kindheit hatten viele Kinder
aber gar keine Gelegenheit, ihren Vater wiederzusehen oder sie lernten
ihn infolge des Krieges überhaupt nicht kennen. Nicht einmal an einem
Grab konnten sie seiner gedenken. Ich gehörte zu den Glücklichen, die
ihren Vater im Winter 1949 „in Empfang" nehmen durften. Als im Dezember 1938 Geborener hatte ich natürlich keine Erinnerungen an ihn,
denn er musste ja schon ab 1939 an einigen „Feldzügen" teilnehmen. Ich
glaube, er durfte auf Wunsch der Braunen zunächst Frankreich und Polen
kennen lernen. Vorher hat er wohl nie, außer einem kurzen Einsatz gegen
Ende des ersten Weltkrieges, die Grenzen des Wilsdruffer Amtsgerichtsbezirk überschritten. Einen Gedankenfetzen gibt es, vielleicht war es

1942 oder 1943. Da lag ein
Mann schlafend auf dem
Sofa und ich habe ihn wohl
besser ausruhen lassen
sollen. Schnell war er wieder weg. Dann bestimmten
zunehmend Fliegeralarme
und damit verbundene
Aufenthalte im Luftschutzraum den Tag und manche
Nacht. Das weiße LSR in
großen Druckbuchstaben
stand noch lange nach dem
Kriegsende am Haus.
Das Leben ging weiter und
plötzlich hörte ich vom
ersten Brief des Vaters.
Selbst gelesen habe ich den
Brief kaum, denn ich war
1944 in die Schule gekom-
men. Obwohl ich im Lesen

recht gute Fortschritte machte und auch gern las, waren Handschriften noch etwas zu viel. Der Brief kam aus Jugoslawien. Meine Mutter hatte der Frau vom Taxi-Fischer, unserem Nachbarn, davon erzählt. Diese konnte mit dem fernen Land nicht viel anfangen. Im schönsten sächsisch meinte sie trotzdem, von „Schungoslawien dort oben" auch schon gehört zu haben. Deshalb ordnete ich das Land zunächst irgendwo in der Nähe des Nordpols ein. Aber bald hatte ich im Schulatlas meiner älteren Brüder herausgefunden, wo ungefähr sich mein Vater in Kriegsgefangenschaft befand. Interessant wurde das im Jahre 1947, als ich begann, wie viele Jungen auch, Briefmarken zu sammeln. Es war nicht schwer, die Sammlung mit Briefmarken der Nazizeit oder der Weimarer Zeit zu erweitern. Aber den Briefen meines Vaters waren außer einigen Zigaretten auch Briefmarken des mir fernen und unbekannten Landes beigelegt. Damit, weil ich ja von jeder Marke nun mehrere besaß, konnte ich mir andere begehrte Marken eintauschen. Was wäre auch Briefmarkensammeln ohne Tauschaktionen, damals wie heute.

Es muss Ende 1948 oder Anfang 1949 gewesen sein, als es hieß, mein Vater würde aus der Gefangenschaft nach Hause zurück kehren, aus einem Entlassungslager in Pirna. Ich nahm das zur Kenntnis, ohne das es mich sonderlich berührt hätte, denn mein Leben verlief dank meiner Mutter und insbesondere meiner neun und dreizehn Jahre älteren Brüder in recht geordneten Bahnen. Dann stand er plötzlich in der Küche, der Mann, der mein Vater war. Für ihn muss ich ebenso ein Novum im Leben gewesen sein, wie er auch für mich.

Am nächsten Tag sollte er sich auf der Stadtverwaltung als Heimkehrer registrieren lassen. Nach rund 10 Jahren Krieg und Gefangenschaft, vielleicht auch selbst etwas entfremdet von Heimat und Familie, und nun auch noch eintauchen in eine völlig neue Gesellschaft, in der sich Andere doch schon einige Jahre neu orientiert und einen Platz gefunden hatten.

Meine Mutter meinte, ich könnte doch meinen Vater auf dem Gang zur Stadtverwaltung begleiten. Aber was sollte ich mit diesem mir doch noch fremden Mann anfangen. Als er mich bei der Hand nahm, ließ ich das nur sehr widerstrebend geschehen, weil ich es überhaupt nicht gewöhnt war, mit neun Jahren sowieso nicht mehr, an der Hand geführt zu werden. Wir gingen die fünf Minuten stumm nebeneinander her. Worüber hätte er auch mit mir reden können? Vielleicht die bei Kindern höchst unbeliebte Frage stellen: Wie geht es denn so in der Schule? Zu Hause hat er dann erzählt, wie er von einem Mitarbeiter der Stadtverwaltung begrüßt worden sei: Ach, da komme ja wieder ein Kriegsverbrecher aus der verdienten Gefangenschaft zurück. Das muss ihn tief getroffen haben.

Ganz besonders, neben anderen Eigenschaften wie großem Fleiß, ist mir seine Toleranz, besonders gegenüber seinen beiden jüngsten Söhnen in Erinnerung geblieben. Vielleicht ein Folge der für ihn verlorenen zehn Jahre durch diesen Krieg, dessen Dauer und Nachhall er sich wohl auch hatte nicht vorstellen können. Ich denke, mit den Schulterstücken eines Unteroffiziers ist er zunächst wie viele andere Männer auch nicht ganz ohne einen Hauch von Stolz in seinen Einsatz gezogen.

Mein Vater ging nun wieder völlig in seinem Beruf als Dekorationsmaler auf. Sehr früh am Morgen machte er sich auf den Weg in eines der umliegenden Dörfer zu seiner Hauptkundschaft. Sein älteres Fahrrad war dabei mit zwei großen Eimern am Lenker behängt. Eine Leiter hing irgendwie am Rahmen befestigt längs des Gefährtes. Auf dem Gepäckträger und zu beiden Seiten des Hinterrades vervollständigten weitere Malerutensilien das Ganze. Mir war manchmal rätselhaft, wie er diese Karre bei Wind und Wetter, bei Eis und Schnee in der Balance hielt. Vielleicht deshalb, weil er vor dem Krieg eine recht gute Figur als Radballspieler abgegeben hatte.

Das Ziel der täglichen Fahrten waren zumeist die Bauernhöfe im Hochland zwischen Wilsdruff und Meißen. Die Stuben, Küchen und Kammern erhielten durch den Malermeister mit Kalk- oder Leimfarbe sowie aufgewalzten, manchmal recht seltsamen Mustern eine neue Frische. Die Muster waren den Bauern aber sowieso meist egal.

Mein ältester Bruder, der das Malerhandwerk während der Kriegsjahre erlernte, arbeitete nur kurze Zeit mit meinem Vater zusammen. Es war wohl vorgesehen, dass er einmal das Geschäft weiterführen sollte. Seine Interessen waren jedoch nicht, jedenfalls nicht auf Dauer, die Bauern mit Farbkreationen zu begeistern. Seine Leidenschaft galt Motorrädern. Mit ihm absolvierte ich auf einer DKW SB 200 frühzeitig meine erste Fahrt auf einem Motorrad.

Zwischen meinem Vater und seinem Erstgeborenen brachen sehr bald Interessenskonflikte auf, die für mich heute sehr verständlich, nicht lösbar sein konnten.

Vielleicht deshalb wurde ich in den Sommerferien meiner letzten Schuljahre hin und wieder gefragt oder auch aufgefordert, meinem Vater zur Hand zu gehen. Das hieß dann vor allem, die alte Farbe in den Räumen abzuwaschen. War es der noch ungeborene Gedanke meines Vaters, mich für sein Handwerk zu begeistern, da der älteste Bruder dies nicht wollte oder nie gewollt hatte? Ich allerdings wollte das ebenfalls nicht angesichts der sehr langen Arbeitstage des Vaters, die sich auch oft weit in das Wochenende hinein erstreckten.

Trotzdem haben mich die Zähigkeit und Ausdauer meines Vaters beeindruckt. Ich glaube heute indessen, dass diese Hingabe an seine Arbeit gleichzeitig eine Art Flucht in das Vergessen des Krieges war. Wie oft hat er sich wohl gefragt, wofür und für wen er eigentlich zehn Jahre verloren hat. Wie oft mögen in des nachts Situationen verfolgt haben, in denen er Entscheidungen treffen musste, die er sich vorher hätte nie denken können. Ich wüsste heute sehr gern viel, viel mehr über diese zehn Jahre. Ob er gesprochen hätte, weiß ich nicht. Ich habe ja nicht gefragt. Ich glaube, seine alte und neue Umwelt wollte von ihm auch gar nichts hören. Wenn es Ansätze von ihm gab, etwas zu erzählen, meinte man, das würde doch keinen interessieren. Auch ich Junge hatte ich natürlich andere Dinge im Kopf, als mir Kriegsgeschichten anzuhören.

Zu einem seiner Geburtstage, es mag die Vollendung seines sechsten Lebensjahrzehnts gewesen sein, habe ich ihm das dümmste Geschenk gemacht, das mir je eingefallen ist. Er hat von mir zwei Bildbände über die beiden Weltkriege bekommen. Er hat sie nie zur Hand genommen.

Die Strapazen des Krieges und der Gefangenschaft haben ihn ziemlich früh sterben lassen.

Mich treiben heute zahlreiche verpasste Gelegenheiten um, mit meinem Vater über seine Erlebnisse dieser Jahre zu reden, wie diese auch gewesen sein mögen. Über seine Interpretation der Kesselschlacht von Cilli (heute Celje) ebenso wie über seine Tätigkeiten während der Gefangenschaft im jugoslawischen Bergbau und einem Jugendheim.

Zweimal bin ich in den letzten Jahren in Slowenien und Kroatien gewesen, um wenigstens etwas nachfühlen zu können, wo er gewesen sein könnte. Mir kam dann so manches in den Sinn, was er als Erbe aus „Schungoslawien" mitgebracht hatte. Zum Leidwesen meiner Mutter benutzte er statt eines Gürtels lieber ein Stück Wäscheleine, das er durch die Schlaufen der Hosen zog. In seiner Werkstatt, wenn er sich allein wähnte, konnte er auch recht laut und eindrucksvoll auf balkanesisch fluchen. Seine Nase lehrte er im Freien manchmal auch nicht nach der vornehmen

Art in ein Taschentuch. Der Nase, zwischen Daumen und Zeigefinger geklemmt, gab er kräftigen Druck von innen, so dass sich der Inhalt auf und davon in die Welt machte. Dazu meinte meine Mutter, das jugoslawische schnäuzen könne er sich nun aber langsam abgewöhnen. Mit der Zeit ist ihm wenigstens das gelungen.

Holzaktion

E s war ein bitterkalter Winter, der zweite nach dem großen Krieg. Das Leben fand an diesen Winterabenden ausschließlich in der Küche statt, denn die „Gute Stube" zu heizen verbot sich natürlich. Sehr oft und plötzlich ging auch noch das Licht aus: Stromsperre. Griffbereit war deshalb immer ein sogenanntes Bunkerlicht, vergleichbar mit den heutigen Teelichten. Diese Teelichte dienen uns natürlich heutzutage nicht mehr als Lichtspender. Sie steigern die Gemütlichkeit beim Fernsehen oder beim Abendgespräch in der Familie oder mit Freunden.

Damals musste die Kraft dieser trüben Flamme ausreichen beim Abendessen, Socken zu stopfen, beim Zeitung lesen oder die Schulaufgaben zu erledigen. Zur Not wurde zusätzlich die Tür des Küchenofens geöffnet.

Was von einem Ofen normalerweise verlangt wird, kann er aber auch nur leisten, wenn er das richtige Futter bekommt, trockenes Holz und Kohlen. An vielen Abenden bestand das Ofenfutter jedoch aus nassen Ästen und Zweigen und etwas ziemlich nasser Presskohle, die es auf Zuteilung gab.

Mit einem Aushang wurde durch die Stadtverwaltung zu einer Holzaktion in den beiden Stadtparks, dem Oberen Park und dem Lunapark, aufgerufen. Die Bevölkerung konnte sich an der Baumfällung oder Ausästung beteiligen. Ob die Verteilung des Holzes auf Bezugsschein erfolgte oder das Holz käuflich zu erwerben war, richtete sich nach der finanziellen Kraft der Familien. Für uns kam beides nicht in Frage. Also kaum Hoffnung auf lustig flackernde und Wärme spendende Feuerchen im Ofen, vielleicht auch einmal im Kachelofen der „Guten Stube", die von den großen Brüdern nur Eispalast genannt wurde. Vergeblich. Die Zweige, die die Brüder aus dem nahen Fürstenbusch geholt hatten, waren viel zu nass. Trockene Äste und Zweige waren in der Umgebung längst aufgelesen und als Wärme und Rauch in die kalten Wintertage entflohen. Das Ergebnis der Familien-Holzaktion glimmerte im Ofen vor sich hin.

Meine älteren Brüder hatten eine Idee. Es gibt trockenes Holz. Man muss es nur „finden". Seit Jahrzehnten ist die Feuchtigkeit aus diesem Holz ohne jede Chance auf Wiederkehr geflüchtet. Da gibt es Heu- und Mistwagen der Bauern, da stehen Zäune, wo sie nicht unbedingt stehen müssten und es gibt Teppichstangen.

Die kleinen Brüder durften von der privaten Holzaktion natürlich nicht erfahren. Sie merkten es daran, dass plötzlich schöne trockene Holzscheite im Kasten unter dem Ofen lagen, die zum Anfeuern dienten und einem Teil der feuchteren Hölzerchen die Wasseranteile austrieben. Dieser Mix aus trockenem und feuchtem Holz war eine gute erfinderische Lösung für mehr Wärme und manchmal für einen hellen gemütlichen Schein bei Stromsperre.

Eines späten Abends klingelte es. Wer kommt denn zu dieser Stunde noch zu uns? Etwa die Polizei? Es war meine künftige Schwägerin mit einem Sack richtiger Kohlen. Die Kohlen hatte sie zu Hause abgezweigt, von einem Tauschgeschäft ihres Vaters mit einem Bekannten, der wiederum eine alte Schreibmaschine gegen einige Zentner Briketts getauscht hatte.

Die kalten Tage waren vorüber. Weil ich immer sehr gern den Gesprächen der Älteren lauschte, erfuhr ich erst in den Frühlingstagen von der privaten Holzaktion.

Die kommunale Holzaktion in den Stadtparks war für uns Jungen eine willkommene Abwechslung. Wir trieben uns zwischen den Holzaktionären im oberen Park umher, bis wir schließlich an den Rand des Geschehens verbannt wurden. Es war ja tatsächlich auch nicht ungefährlich.

Das durch den oberen, weiter durch den unteren Park kleine fließende ruhige Bächlein, die Wilde Sau, war zum großen Teil zugefroren. Wir beiden Bübchen, mein Freund Karli und ich, probierten und schlitterten, aber nicht überall reichte die Eisdecke, um meinen Freund Karli und mich zu tragen. Bis über die Hüften rutschen wir sekundenschnell in das Wasser des Bächleins.

Wir waren wegen der Kälte, so um die 20 Grad werden es gewesen sein, ganz gut eingepackt. Bis dahin war es der Kälte nicht gelungen, uns den Spaß an der Holzaktion zu verderben. Zwei Männer, die es offensichtlich hatten klatschen hören, kamen zu uns gelaufen und meinten, wir sollten schleunigst nach Hause laufen. Den Ratschlag hörten wir schon. Nur war in der Nähe gerade eine besondere Aktion im Gang. Die ersten Holzrationen wurden bereit gestellt. Neben schönen Stämmen, schon etwas handlich längs gespalten und zurecht gesägt, kamen auch Äste und Zweige zur Verteilung.

Weil es auf der Welt jedoch nie vollkommen gerecht zugehen kann, war ein Streit hochgekocht. Die Auseinandersetzung nahm rasch handfeste Züge an und einer der Beteiligten musste sich mit seiner blutenden Nase beschäftigen. Wir fanden diese Vorführung, sie dauerte vielleicht fünf Minuten, höchst spannend und vergaßen dabei unser eigenes Missgeschick.

Aber nun war es soweit. Die Kälte hatte ihren Angriff durch unsere nassen Sachen sehr erfolgreich geführt und den Kampf gewonnen. Meine äußere Hülle, eine von meiner Mutter geschneiderte sogenannte Überfallhose, hatte sich zu einem Eisbrett entwickelt. Die Unterhose war auf dem Weg dahin. Zum Namen der Hose möchte ich ergänzen, dass diese übliche Hosenart keinesfalls für räuberische Überfälle gedacht war. Sie wurde über den Knöcheln mit einer Schnur zusammengebunden und fiel dann noch etwas nach allen Seiten „über".

Die Situation konnte nur durch unserer Flucht vom Geschehen besser werden. Karli hatte die rettende Idee. Wir rannten, so gut es ging mit den Eisbrettern in die Bäckerei. Die Frühbrote hatten zwar den Ofen längst verlassen, doch eine gute Restwärme konnten wir erwarten.

Die Bäckersfrau Paula war eine herzensgute Seele. Wir hörten keine Schelte über unser Missgeschick. Sie öffnete die zwei Eisentüren des Backofens und platzierte uns pudelnackt auf zwei Kissen in die Ofengrube, in der ansonsten der Meister den Brotschieber bediente. Unsere Sachen drapierte sie über die Eisentüren und uns behängte sie mit dicken Wolldecken. Nach wenigen Minuten brachte sie noch heiße Zitrone und frische Kuchenreste.

Die Decke brauchten wir bald nicht mehr. Wohlige Wärme abwechselnd auf Bauch und Rücken. Es war uns warm wie sonst nur an Sommertagen und satt waren wir bald auch.

Kohlrüben und Rotzfadensuppe

K riegs- und Nachkriegszeiten sind immer schlimme Mangelzeiten. Besonders in der nahen Großstadt Dresden war das ausgeprägt. Bei uns in der Kleinstadt westlich von Dresden klingelten so manches Mal ein Junge oder ein Mädchen mit der Bitte um eine Scheibe Brot oder wenigstens eine Kartoffel. Meine Mutter war zu den ausgehungerten Halbwüchsigen in der Regel recht weichherzig. Weil sich, vielleicht gerade deshalb, bei uns jedoch zunehmend mehr dieser Besucher meldeten als in der Nachbarschaft, waren der Gutherzigkeit auch Grenzen gesetzt.

Das allgemeine Leben in der Gemeinde hatte sich überraschend schnell eingerichtet. Kriegsschäden gab es kaum. Das einzige völlig zerstörte Gebäude in meinem Gesichtskreis war das auch als Ruine noch imposante Postgebäude. Ein Bürgermeister war schnell eingesetzt und das gesellschaftliche Leben der Jüngeren versuchte weitgehend die schon im Herbst 1945 organisierte Antifa-Jugend, später Freie Deutsche Jugend, zu bestimmen. Die Entnazifizierung näherte sich im Sommer 1948 dem Ende zu. Alles sollte anders werden.

Zunächst ging es jedoch darum, den Magen täglich zu einer gewissen Zufriedenheit zu führen. Der Vater war noch für längere Zeit als Kriegsgefangener in Jugoslawien. Der Aufenthalt dauerte schließlich bis zum Januar 1949. Der älteste Bruder hatte sich schon im Sommer 1945 von seinem „ruhmvollen" Einsatz als Kampfschwimmer von Italien nach Norddeutschland durchgeschlagen. Eigentlich wollte er dort bleiben, weil ihm die russischen Verhältnisse nicht geheuer erschienen und er in der Hitlerjugend aktiv gewesen war.

Auf brieflichen Wunsch meiner Mutter kam er mit einigem Bangen in die damalige Ostzone und führte die Firma des Vaters als Dekorationsmaler weiter. Die Umstellung vom Kampfschwimmer zum Versorger der Familie ist ihm mit seinen neunzehn Jahren ganz sicher nicht leichtgefallen. Aber er als ältester Sohn des Malermeisters stellte sich der Aufgabe mit hohem Verantwortungsbewusstsein.

Handwerk hat goldenen Boden, sagt man. In dieser Zeit schuf sich ein Handwerker weder eine Basis aus Gold noch glänzte seine Nase golden. Viel mehr wog, das die Vergütung für die Ausmalung der Bauernstuben und Schlafzimmer nur zu einem Teil monetär, zum anderen Teil mit Naturalien verschiedenster Art erfolgte.

Da lag plötzlich ein großer Sack mit wunderbar süßen, knuppligen Karotten in der Küche. Ein anderes Mal war es ein Zentner Weizenkörner. Die Weizenkörner brachte ich fünfkiloweise in die Regermühle, das Mehl wanderte anschließend zum Bäcker und da verwandelte es sich in Brot oder Semmeln. Mit dem Mehl als Grundlage ließ sich auch das sogenannte „Falsche Wurstfett" herrichten. Mehl, Wasser, Salz und reichlich Majoran, fertig war ein Brotaufstrich.

Die Körner wurden teilweise nur in kochendem Wasser aufgeweicht. Mit etwas Salz als Zugabe konnte man dies sicher nicht als Krone der Kochkunst bezeichnen, aber es machte satt.

Eine ähnliche Schmierage wie das falsche Wurstfett, die ich aber recht gern aufs Brot aß, bestand aus Lein- oder Rapsöl, vermischt mit Mehl und natürlich etwas Salz. Nahrhafter war jedenfalls manche der Erfindungen als viele Fastfood-Gerichte heutiger Tage.

Ein großer Teil der in der Küche zur Verarbeitung bereitstehenden Naturalien stammten also aus der Handwerkerei. Es kam auch vor, dass sich ein Hühnchen in den Rucksack des Malers verflog samt einigen Eiern. Einmal stolperte sogar ein kleines Zicklein dahinein. Die Ergänzung der allgemein kargen Nahrung waren, welch eine Schlemmerei, hin und wieder ein Stück Bauernwurst, eine kleine Speckseite oder ein Stück handgemachte Butter.

Ab Frühjahr 1949 führte mein Vater dann wieder das Malergeschäft.

In den großen Schulferien besuchte ich ihn hin und wieder auf seinem Tätigkeitsfeld, einem Bauernhof. Er kannte die Zeiten genau, wenn alle dort Beschäftigten auf den Feldern waren und ich der Vorratskammer allein sein konnte. Nach Hause habe ich nichts mitgenommen, aber die Wurstsorten des Bauernhofes kannte ich danach ganz gut. Ein halber Topf Sahne, der wohl irgendwann zu Butter werden sollte, ist mir nicht so gut in Erinnerung. Mir war zwei Tage wirklich, was selten vorkam, richtig schlecht.

Das Jahrfünft nach dem Krieg muss dem Wachstum von Kohlrüben besonders gut getan haben. Die Verarbeitung dieser Rübengattung erfolgte zu Suppen, Brei, Hauptspeisen und sie taugten sogar als Zutaten für Kuchen. An mein damaliges Quantum Kohlrübenverzehr denke ich heute noch mit einer Art Ehrfurcht. Ein „Falsches Wurstfett" würde ich auch heutzutage vielleicht noch einmal probieren, irgendetwas mit Kohlrüben hingegen eher nicht.

Eine besondere Suppenart der ersten Nachkriegsjahre, etwas vulgär „Rotzfadensuppe" genannt, ist mir trotz des Namens in guter Erinnerung. Rohe Kartoffeln wurden ungeschält in kochendes Wasser gerieben. Ungeschält deshalb, weil die Kartoffelschäler sonst zu den Kaninchen der Nachbarn gewandert wären. Diese „Reibe" wollte die Hitze wohl nicht und zog sich zu Fäden und Klumpen zusammen. Ein Teil Wasser verkochte nach einiger Zeit. Nun kam noch eine kleine Mehlschwitze zum verdicken oder auch nicht dazu, und natürlich Salz und Gartenkräuter. Fertig war die Rotzfadensuppe. Auf dem Transport mit dem Löffel vom Teller zum Mund war dies optisch kein Augenschmaus, aber mit entsprechendem Gewürz einigermaßen schmackhaft. Nach der Rückkehr meines Vaters aus der Gefangenschaft baute er bald einen selbst einen Kaninchenstall, so dass die Kartoffelschäler und andere Abfälle unseren eigenen Kaninchen zugutekamen

In der Schule begann man mit dem Vorläufer der Schulspeisung. Alle anwesenden Mädchen und Jungen erhielten ein kleines rundes, sehr dunkles Brötchen. Wahrscheinlich ein Vollkornprodukt und damit wohl nicht gerade gesundheitsschädlich. Eine Schülerin oder ein Schüler führte eine Extra-Anwesenheitsliste, die „Semmelliste". Nun fehlten naturgemäß immer ein Kind oder gar mehrere. Die überzähligen Mehlerzeugnisse verteilte der jeweilige Verantwortliche als Zugabe nach dem Alphabet. Einmal kam eine Mutter in die Schule, um für ihre kranke Tochter das Semmelchen abzuholen. Es stand ihr ja auch wirklich zu. Oder vielleicht doch nicht?

Manchmal sagte der Lehrer, dass wir am nächsten Tag eine Gefäß, eine Tüte oder etwas Verwandtes mitbringen sollten. Dann sollte die Schule irgendeine Sonderzuteilung bekommen. Was genau, wussten sie vorher wohl auch nicht. Zur Verteilung kam dann zum Beispiel ein marmeladenähnliches Gebilde, Zucker, Kunsthonig oder auch Mehl.

In unserer Nachbarschaft befand sich die sogenannte Volksküche in einer Fleischerei, deren Räume nicht alle benötigt wurden. Für eine alte Dame, später wäre ich Mitglied eines Timurtrupps geheißen worden, ging ich manchmal mit einem Topf in die Volksküche und holte das ihr zugedachte Mahl ab.

Dies war oft eine undefinierbare Brühe mit viel Wasser und kaum Fleisch. Ich erinnere mich an eine solche Suppe in bläulich-roter Färbung. Die Adressatin meinte, die Färbung rühre von den roten Rüben als Zutat.

Wenn ich in die Suppen lugte, sahen mehr Augen hinein als Fettaugen heraus.

Ich hatte insgesamt das Glück, als Kind nie wirklich von Hunger geplagt gewesen zu sein. Andere können das von dieser Zeit sicherlich nicht sagen.

Grubenfahrt

Der Frühling geht in den Sommer über. Alle Mädchen und Jungen meiner Klasse wissen schon, was sie nach der Grundschule tun werden. Zwei von ihnen gehen gar auf die Oberschule. Dahin wollte ich eigentlich auch, aber diese ist mir versperrt. Einen Grund kann ich verstehen: Ich bin etwas sehr lebhaft und nicht gut handhabbar. Im Zeugnis der letzten Klasse steht etwas von „überschäumendem Temperament". Eigentlich hätte ich Lehrer werden wollen, ein Lehrer so wie Heinz M., mein Klassenlehrer in der siebenten Klasse. Aber das geht nun nicht mehr. Der zweite Grund erschließt sich mir erst sehr viel später. Meine soziale Herkunft passt nicht ganz in den gesellschaftlichen Rahmen. Die Suche nach einem Beruf für mich, meine Mutter dachte an Maschinenbau, Elektrotechnik oder Chemie lasse ich ziemlich lustlos über mich ergehen. Aber alle Lehrstellen im nahen und weiteren Umfeld sind inzwischen vergeben. Meine Mutter, der Vater hat mit seinem Malergeschäft von früh bis spät abends zu tun, ist schon etwas verzweifelt. Irgendetwas muss der Junge doch machen. Da kommt Anfang Juni, das Schuljahresende ist ganz nah, der Hinweis auf offene Lehrstellen im Steinkohlenbergbau in Freital. Gegen Ende Juni zieht Ruhe ein, ich bin laut Lehrvertrag künftiger Berglehrling.

Der Berg ist mir jedoch noch lange verschlossen, denn die regelmäßige Einfahrt in die Tiefe ist erst erlaubt, wenn ich sechzehn Jahre alt sein werde. Das ich 1944 etwas zu früh, aus welchen Gründen kann ich nicht mehr erfragen, eingeschult wurde, macht sich das erste Mal bemerkbar. Damit habe später noch öfter zu tun, wenn zum Beispiel meine Freunde einen erst ab 16 Jahre erlaubten Film besuchten, ich aber nicht mit hinein durfte. Damals gab es derartige Kontrollen, bei denen man den Personalausweis vorzeigen musste.

Zurück zum Bergbaulehrling.

Meine erste Grubenfahrt findet trotzdem noch einige Monate vor meinem 16. Geburtstag statt. Der Ausbildungsleiter, Otto P, hat für alle Lehrlinge, auch für mich als einen der jüngsten, eine Sondergenehmigung bekommen. Eigentlich sollte ich mit Nichtteilnahme bestraft werden, weil ich eine gehörige Portion Aufsässigkeit von der Grundschule in die Ausbildung mitgenommen habe. Vor einigen Wochen hat mich P. einen Opportunisten genannt.

Ich weiß damit rein gar nichts anzufangen, vermute aber etwas ziemlich Schlimmes und bessere mich so weit, dass ich die Grubenfahrt mit antreten kann.

Eine echte Einfahrt mit dem Förderkorb in die über 400 Meter tiefe Paul-Berndt-Grube, auf deren Gelände sich unsere Schulzimmer und eine Werkstatt für Holzbearbeitung befinden, ist es noch nicht. Dafür reichte die Sondergenehmigung wohl nicht. Wir laufen an einem heißen Tag gegen Ende Juni 1953 durch Freital-Oberdöhlen hinab in das Stadtgebiet Freital zum Wiesenschacht. Heute befindet sich dort ein Freitaler Festgelände.

Im Freitaler Volksmund werden die Bergbaulehrlinge „Schachtscheißer" genannt, aber so direkt sagt das keiner der anderen Jugendlichen bei Veranstaltungen oder etwa im Vorbeigehen. Die Lehrlinge der Jahrgänge vor uns haben das schon nachdrücklich geklärt.

Es ist schon ein eigentümlicher Trupp von knapp 30 Jungen, der sich durch die Stadt bewegt. An eine einheitliche Berufsbekleidung, wie sie bei Bäckern, Fleischern oder Schornsteinfegern üblich ist, ist nicht zu denken Jeder trägt das, was zu Hause übrig ist. Von der Schlosserjacke über ein ausgedientes Sakko, eine Anzugjacke oder auch Selbstgeschneidertes ist eine große Vielfalt vorhanden.

Ein Lehrling trägt Hosen und Jacke aus einem groben Stoff, für den heißen Frühsommer wenig geeignet. Dementsprechend schwitzt er auch. Seine Mutter hat die Kluft aus einer Wehrmachtsuniform genäht.

Die bergmännische Ausrüstung ist jedoch unverkennbar. Wir tragen alle einen mehr oder weniger passenden Helm und tragen in der Hand eine Grubenlampe, des Gewichts wegen Bombe genannt. Eine für Untertage typische Kaffekanne ist im Gepäck, das ebenfalls ähnlich abenteuerlich wirkt wie die Bekleidung.

Wir sind am Wiesenschacht. Otto P. hat sich einen Ausbilder mitgenommen, der uns in drei Gruppen aufteilt und einige Verhaltensregeln erklärt. Endlich bin ich einmal nicht in der Reihe ganz hinten zu finden, ich gehöre zur ersten Gruppe.

Wir steigen zwei, drei Leitern, der Bergmann nennt sie Fahrten, in die Tiefe. Es ist wie zu Hause im Keller, finster. Otto P., selbst kein Bergmann, ist mit eingefahren und bespricht sich kurz mit dem Steiger, der

uns empfangen hat. Plötzlich macht es ziemlich laut „Bumm-bumm".
„Habt ihr gehört, jetzt haben sie geschossen" Er meint damit, das ge-
sprengt wurde. Der Steiger lächelt müde und meint: „Nein, nein, das war
nur eine Wettertür, die zugeschlagen wurde. Da kommen wir gleich hin."
P. schaut etwas irritiert zum Steiger, es ist ihm wohl ein wenig peinlich.
Nach wenigen Minuten heißt es: Halt.

Der Steiger hat einige Schwarten bereit legen lassen, auf die wir uns
setzen. Es ist die erste bergmännische Tradition, die wir kennenlernen.
Bevor die Arbeit losgehen kann, isst der Bergmann ein „Bemmchen" vor
Ort und bespricht dabei die anstehende Arbeit. Dann geht es weiter
durch die Grubenbaue, auch durch die Bumm-Bumm-Wettertür, die den
Luftstrom lenkt.

Dann sind wir vor Ort. Zwei Hauer mit nacktem Oberkörper, von
Schweiß gezeichnet, schaufeln Kohle auf eine schräge Eisenrinne, Rutsche genannt, die von einem laut zischenden Pressluftmotor immer wieder in eine Richtung gezerrt wird, um dann mit der Kohle vorwärts zu
rutschen. Aber sofort wird die Eisenschale vom fauchenden Motor wieder mit einem Ruck zurück gezogen und die Kohle bewegt sich ein Stück
weiter. Dazu heult noch eine Lampe, die ebenfalls mit Pressluft angetrie-
ben wird.

Der Steiger erklärt uns die Arbeit der Hauer, aber es ist bei diesem Höllenlärm nicht alles zu verstehen. Schließlich lässt er die Rutsche anhalten.
Otto P. steht jetzt unschlüssig hinter uns. Bergmännische Erklärungen
lässt er besser sein.

Bis heute habe ich noch die Worte des Steigers im Ohr:" Jungs, ihr
steht jetzt vor Kohle, viele Millionen Jahre alt. Was ihr seht, sah niemand
vor euch. Und so wird es jeden Tag für euch sein. Jeden Tag ein neues
Stück Erdgeschichte."

Dieser, im fahlen Licht unserer Bomben schwarzglänzende Kohlen-
stoß, staubgeschwängert, hat sich fest in mein Gedächtnis geprägt. Der
Steiger hat mit seinen Worten damals in mir die erste Spur des Stolzes auf
meinen Beruf gelegt.

Spukgeschichten

E s ist ein heißer Augusttag. Wie an fast allen Ferientagen verbringen wir von morgens bis abends unsere Freizeit im städtischen Luft- und Schwimmbad. Wir stellen allerlei Blödsinn an und spinnen uns manchmal auch ins Irgendwo. Egal wie, wir kommen auf den Wahrheitsgehalt der Sagen und Spukgeschichten in und um unsere Kleinstadt zu sprechen. Wir kennen sie doch, die geheimnisvollen Ecken in der Stadt und die Flecken in ihrer Umgebung. Die Struth, das größte zusammenhängende Waldgebiet im Westen, das Schloss inmitten der Stadt, den Galgenberg hinter Hühndorf und die alte Jacobikirche. Wir kennen sie – bei Tageslicht, bestenfalls noch in dämmernder Dunkelheit. Wenn der Spuk jedoch angeblich stattfinden soll, liegen wir doch längst in unseren Betten.

Aber was ist dran an den Sagen von der weißen Frau im Schloss, vom schwarzen Hund am Galgenberg und dem geheimnisvollen Zwerg in der Struth. Besonders der Galgenberg ist geheimnisumwittert, denn da hat es tatsächlich im Jahre 1768 eine Hinrichtung gegeben, eine der letzten in unserem Gebiet. Immer zur Mitternacht soll da ein schwarzer Hund erscheinen, der aber keinem etwas zuleide tun soll. Manchmal käme auch ein Wagen aus dem Felsen gefahren, dem Kutscher und dem Pferd fehlten jedoch die Köpfe. Des Tags sind wir schon am Galgenberg vorbeigefahren mit unseren klapprigen Fahrrädern, auf dem Weg ins Elbtal, zu Patty Frank im Karl-May-Museum in Radebeul. Am Galgenberg und seiner Umgebung finden wir auch in jedem Jahr die größte Ansammlung an Maikäfern, die wir in Kistchen und Kartons mit nach Hause nehmen.

Einer meiner Freunde meint, man könne der Sage vom Galgenberg ja mal auf den Grund gehen oder dem rätselhaften Zwerg in der Struth auflauern. Aber wie?

Mit der Zustimmung der Eltern ist nicht zu rechnen. Zumal in dieser Zeit, wenige Jahre nach dem Krieg, von geheimnisvollen Spiralmännlein die Rede ist, die im Umland ihr Unwesen treiben sollen. Gesehen hat sie allerdings auch noch niemand. Wenn überhaupt, muss die Aktion sowieso nachts stattfinden.

Die Struth wäre ganz gut zu Fuß ohne Straßenbenutzung über Feldwege zu erreichen.

Die Sage um die weiße Frau am und im Schloss ist, wie wir wissen, schon seit Jahrzehnten ein Objekt der Heranwachsenden gewesen. Niemand hat sie zu Gesicht bekommen. Das ist deshalb kein Thema für uns. Der Galgenberg ist jedoch etwa fünf Kilometer entfernt. Wir benötigen dazu unsere Fahrräder, die aber abends immer in die Keller oder Schuppen eingeschlossen werden. Im weiteren Gespräch wird ein Plan geschmiedet. Die Sage am Galgenberg soll untersucht werden.

Von Zeit zu Zeit dürfen wir bei des Bäckers Sohn Karli im sogenannten Hinterhaus, einem kleinen Häuschen mit vielerlei Gerümpel, eine Nacht verbringen. Der Bäckermeister hat uns ein Zimmerchen mit viel Stroh hergerichtet. Schon das ist für uns immer ein besonderes Erlebnis, wenn das Stroh knistert und im Haus manch seltsames Geräusch zu hören ist oder wir uns das zumindest einbilden. Wir sind ja nun schon etwas älter, aber die Kindergeschichten vom Mumum, der unfolgsame Kinder holt, sind doch noch im Hinterkopf. Das Hinterhaus spielt eine wichtige Rolle in unserem Plan.

Wir erzählen den Eltern, dass wir gern einmal ganz in der Frühe auf Tierbeobachtung gehen möchten und dazu am liebsten unsere Räder mitnehmen wollen. Damit wären wir doch viel beweglicher.

Das leuchtet den Eltern ein. Sie wissen, dass wir uns in der näheren und etwas weiteren Umgebung der Stadt gut auskennen. Wir dürfen die Räder im Hinterhaus einstellen.

Dann ist der Abend gekommen, an dem wir uns auf den Weg zum Galgenberg begeben wollen. Wir sind fünf Jungen. Der zwei Jahre älteren Schwester vom Bäcker-Karli und ihrer Freundin haben wir von der Tour abgeraten, wir würden wahrscheinlich doch etwas weiter in die Umgebung fahren.

Wir bestimmen eine Reihenfolge, wer wachbleiben muss oder entsprechend zur Wache geweckt wird. Ursprünglich wollen wir auf die Glockenschläge der nahen Schule lauschen, denn nach zehn Uhr ist die Abfahrt geplant.

Aber Karli hat zur Sicherheit einen Wecker von seiner Großmutter Ida entführt, den sie seiner Meinung nach schon lange nicht mehr in Gebrauch hat.

Die Stimmung ist angespannt. Das Stroh raschelt heute ganz anders, wenn sich Einer auf die andere Seite dreht. Ab und zu schaut der Mond durch das kleine Fenster, wenn er nicht gerade durch eine Wolke verdeckt ist.

Die Glocken der Schule und der Kirche schlagen zur zehnten Abendstunde. Wir schauen uns im Dunkel an. Ganz, ganz langsam legt jeder seine Schlafdecke zusammen, was sonst gar nicht üblich ist. Inzwischen schlagen die Glocken zur halben Stunde nach zehn Uhr. Mein zwei Jahre älterer Bruder blickt in die Runde und sagt: "Also, wer Schiss hat, kann auch hier bleiben." Wer aber will schon ein Feigling sein?

Wir schleichen mit den Fahrrädern durch das Tor des Hinterhofes in Richtung Erlicht. Selbst dieser Name ist sagenbehaftet. Schon unterhalb der alten Jacobikirche ist das Gefühl des Nachts eben ein anderes als am Tage. Aber schon hinter der Stadt, auf der Hühndorfer Höhe, nun endlich im hellen Mondschein, fühlen wir uns freier. Keine Menschenseele ist unterwegs.

Hinter Hühndorf, kurz vor dem Galgenberg, versteckt sich der Mond aber immer wieder einmal für längere Zeit hinter den Wolken. Nun sehe ich nicht einmal mehr die Schlaglöcher der „Landstraße" und rammle durch ein besonders tiefes, noch gefüllt mit Wasser vom letzten Gewitterregen.

Etwa eine halbe Stunde vor Mitternacht sind wir am Galgenberg. Auf dem Trampelpfad zum Felsen gehen wir ganz eng hintereinander. Der Mond knipst sich wechselnd an und aus. Das macht die ganze Unternehmung ziemlich gespenstig. Dann schlägt eine Turmuhr, wahrscheinlich die der Weißtropper Kirche, zur Mitternacht. Keiner der Jungen, die doch vorher so mutig waren, sagt ein Wort. Plötzlich ein rascheln und grunzen, das sich glücklicherweise rasch von uns entfernt. Wir drücken uns noch enger aneinander. Ich versuche, immer einen Partner rechts und links zu haben.

Keiner von uns hat wohl niemals ernsthaft einen Wagen mit Kutscher und Pferd ohne Kopf erwartet. Aber keiner wollte sich der nächtlichen Mutprobe entziehen. Doch plötzlich in unmittelbarer Nähe Hundegebell. Aus dem Gebüsch neben dem Felsen tritt ein Mann, an der Leine seinen Hund. Beide mit Kopf. Auf seine Frage, was wir denn hier um Mitternacht wollen, erzählen wir ihm von der Sage. Er schüttelt sich vor Lachen, rühmt aber unseren Mut und sagt, dass er sich das als Junge kaum getraut hätte. Das macht uns selbstverständlich alle sofort unheimlich stolz. Nach dem woher sagt er, wir sollten uns schleunigst auf den Weg nach Hause machen, ein Gewitter sei schon unterwegs.

Die Heimfahrt ist erheblich entspannter als die Hinfahrt, trotz des aufziehenden Gewitters. Kaum sind wir im Hinterhaus angelangt und haben es uns auf dem Stroh bequem gemacht, prasselt draußen der Gewitterregen hernieder

Wir kommen erst spät einige Stunden nach Mitternacht zur Ruhe.

Einige Wochen später haben Klaus und ich eine Idee. Wir wollen der Sage um die Jacobikirche etwas Nachdruck verleihen. Zwei kleinen Jungen aus der Nachbarschaft erzählen wir ihnen davon.

Wir tischen ihnen die Geschichte von der Hand auf, die jedem eine Ohrfeige verpasst, der zur Mittagszeit dreimal den Altar umrundet. Wir ergänzen die Sage um ein Detail. Die Augen sollten dabei verbunden sein. Natürlich behaupten die Jungen, das sei Quatsch. Schließlich überzeugen wir sie, den Versuch zu wagen.

Einen der beiden nehmen wir mit in die Kirche, der andere muss draußen warten. Wir verbinden ihm die Augen. Ich führe in vor den Altar und sage ihm, er solle sich dreimal links herum um den Altar tasten. Nach dem dritten Umgang haut ihm Klaus hinter dem Altar von hinten eins ordentlich in die Backen. Ehe der Kleine die Augenbinde los ist, stehen Klaus und ich vor dem Altar und fragen, was da so geklatscht hätte. Der Kleine ist zunächst sehr verunsichert und schaut uns fragend an. Wir klären ihn auf und damit ist er sehr wohl einverstanden, das Experiment auch mit seinem Freund veranstalten zu lassen. Der aber glaubt dem Spuk und verzichtet lieber auf die Backpfeife.

Die Jacobikirche ist seit einigen Jahren restauriert und zur Autobahnkirche erklärt. Ich besuche sie gern, wenn ich in meiner kleinen Heimatstadt weile und gehe auch gern dreimal um den Altar herum.

Die Fliege

Es war ein schöner Frühlingstag. Unsere Morgenamsel hatte sich hatte schon lange müde gesungen. Der Straßenlärm, noch erträglich zur frühen Stunde, ließ mich trotzdem nicht länger faul umherliegen. Vom Balkon aus sah ich die Sonne rot hinter dem Borsberg hervorkriechen. Am Himmel hier und da ein Wölkchen. Darüber die weiße Spur eines Flugzeuges in Richtung Süden. Wer da wohl wohin fliegt? Vielleicht Urlauber? Oder Geschäftsfliegende?

Völlig egal. Auf mich wartet ein angenehmer Frühlingstag in meiner reizvollen Stadt. Sind „meine" Rhododendren im Großen Garten schon auf die neue Jahreszeit vorbereitet? Haben die fleißigen Gärtner bereits den Dahliengarten zurechtgemacht?

Eine kleine Rundfahrt im Großen Garten ist im erwachenden Frühling auf besondere Weise anziehend, wenn junges Grün in vielerlei Spielarten zu sehen ist. Ein Zitronenfalter taumelte, wohl noch etwas winterbenommen, um meinen Kopf und mit geschlossenen Augen genoss ich das Konzert der Vögel im Gebüsch hinter mir. Auf dem Weg vor meiner Bank krabbelten Insekten, die die Wärme hervorgelockt hatte. Pflanzen und Tiere schienen ebenso vergnügt zu sein wie ich. Dann glaubte die Sonne für diesen Vormittag genug getan zu haben. Zudem nahte die Mittagszeit. Danach wollte ich mir kleines Schläfchen gönnen. Vielleicht kehrte die Sonne später noch einmal zurück?

Das Mittagsmahl war wohl mit etwas Frühjahrsmüdigkeit gewürzt gewesen und in mir hatten Zufriedenheit, Behagen und etwas Schläfrigkeit Platz gefunden. Ich legte mich deshalb genießerisch auf die Couch. Meine Gedanken wanderten in die nächsten Frühlingstage. Eine Radtour in die Dresdner Umgebung sollte ich eigentlich fest einplanen.

War ich noch im Dämmerschlaf oder schon fest eingeschlafen? Jedenfalls spürte ich ein Krabbeln auf der linken Hand. Mit der rechten Hand krabbelte ich zurück. Wenig später. Das Gleiche auf der rechten Hand. Ich machte die Augen auf: Aha, eine Fliege. Wo kam die denn plötzlich her. Das Fenster war doch geschlossen und in die achte Etage verirrten sich selbst im Sommer eher selten Insekten wie Bienen, Wespen oder Fliegen. Ich verscheuchte sie erneut mit einer energischen Handbewegung. Einige Minuten lang war die Fliege wahrscheinlich irgendwo anders im Zimmer unterwegs. Aber dann fand sie zu mir zurück, nun gar eine Spur frecher. Sie nahm Platz auf meiner Stirn. Das fand ich unterdessen schon unverschämt.

Nach dem erneuten Verjagen des Insektes trödelten meine Gedanken in eine gewisse Abwartehaltung. Würde ich nun meine Ruhe haben oder musste ich neue Angriffe erwarten? Und überhaupt: War sie ein Spät-Exemplar des Vorjahres und hatte vielleicht in den Rollen der Markise überwintert? Oder war sie ein erster Vorbote und Kundschafter einer Sommerfliegeninvasion?

Wieder wenige Minuten später erfolgte der erwartete Angriff, dieses Mal setzte sie sich auf meine Wange. Nachdem ich sie abermals verjagt hatte, entschloss ich mich zum Gegenangriff, stand auf, faltete die Tageszeitung zu einer Fliegenklatsche zusammen und machte mich auf die Suche nach der Fliege. Aber wo war sie denn geblieben? Ahnte sie, dass es jetzt Ernst werden würde?

Vielleicht haben Fliegen sogar ein Hirn, wenn auch ein klitzekleines. Weil ich sie nicht fand, legte ich mich wieder hin, jedoch nun mit offenen Augen, um einen weiteren Anflug beobachten zu können. Tatsächlich sah ich meine Fliege nun um die Lampe kreisen. Ich wartete, dass sie irgendwo Platz nimmt, damit ich gezielt angreifen konnte.

Sie platzierte sich auf der linken Fensterscheibe. In gebückter Haltung schlich ich zum rechten Fenster und öffnete es langsam und sehr vorsichtig. Sie sollte noch eine, wenn auch ihre letzte Chance haben. Sie nahm die Chance nicht wahr und krauchte an der Scheibe nach oben. Das Finale schien nah. Die Zeitung klatschte an die Scheibe, doch die Fliege war weg.

Ich entdeckte sie kurze Zeit später an einem Glaskörper der Deckenlampe, ein mit Schuten bestücktes Exemplar aus einer Erblassung. Sollte ich oder sollte ich nicht? Die Fliege saß am äußersten Rand. Also konnte ich es riskieren, rückte einen Stuhl zurecht und stieg mit Vorsicht darauf. Gut gezielt, könnte ich Glück haben. Ich holte aus, verlor dabei ein wenig die Balance, wedelte mit der freien Hand durch die Luft und traf die Schute. Klirrend fiel sie zu Boden. Wenn Fliegen lachen können und ich es hören könnte, würde mir jetzt wahrscheinlich ihr Gelächter in den Ohren klingen.

Wohin war sie nun geflogen? Ich konnte sie nicht mehr auffinden, aber sie musste ja noch im Zimmer sein. Ich ging mit der Zeitung wedelnd durch das Zimmer, um sie aufzuschrecken. Das gelang und ich konnte ihren taumelnden Flug verfolgen. War sie eventuell etwas angeschlagen? Wenn das so wäre, müsste sie doch bald einen Landeplatz zum Ausruhe. suchen. Sie fand ihn auch an der weißen Wand, erst vor kurzem neu tapeziert.

Das hatte sie schlau gemacht, die kleine Fliege. Ich wedelte sie wieder auf. Sie steuerte meinen Schreibtisch an. Da liegt und steht nun immer allerlei Zeugs umher, Schreibgeräte, Zettelchen, Heftklammer und meist ein Glas mit Wasser, mehr oder weniger gefüllt. In der Nähe des Glases machte es sich nun die Böse bequem. Ohne viel zu überlegen schlug ich zu, traf allerdings nur den Rand des gut gefüllten Glases. Dieses kippte um und das Wasser ergoss sich über den Schreibtisch und kroch auch unter die Glasscheibe, unter der Fotos meiner Familie lagen.

Jetzt hatte sie, die Fliege, erst einmal eine längere Kampfpause erreicht. Nachdem ich einige unbrauchbare Fotos entfernt und die Glasplatte beidseitig trocken gewischt hatte, wollte ich nun gerade nicht aufgeben. Ich würde sie schon noch erwischen und ging wiederum auf Pirsch. Weil mir von der ganzen Hatz schon ein wenig wärmer geworden war und meine Freundin nirgends zu blicken war, öffnete ich das Fenster.

Nach einigem Suchen sah ich, wie sie um die Lampe kreiste. Ich versuchte, sie in andere Gefilde zu treiben. Aber sie hatte ihrer Meinung nach wohl genug Schabernack mit mir getrieben. Ganz gemütlich sah ich, wie sie sich in Richtung Fenster absetzte. Möglicherweise hat sie mir, wer kann das bei einer Fliege mit ihren Facettenaugen schon genau wahrnehmen, noch einmal zugelächelt. Dann war sie weg, weg für immer.

Ich räumte schnell noch die Scherben der Lampenschute auf. An ein Mittagsschläfchen war nicht mehr zu denken. Der Frühling aber war endgültig in mein Herz eingekehrt.

Wo liegt eigentlich Johannstadt?

E s war ein Glücksfall 1963. Nach unserer Hochzeit Anfang Juni konnten wir immerhin einen Minihaushalt in einem Zimmer gestalten. Dann folgte mit Hilfe einer Anzeige der zweite Glücksfall. Eine kleine Wohnung am Leutewitzer Park und damit, welch Komfort, ein Wechsel von Trockentoilette zur Wasserspülung. Unser Nachwuchs hatte es ziemlich eilig und im August 1965 waren wir schon zu viert. Also begann die Suche nach einer anderen Bleibe. Ein kleines Haus oder doch lieber eine Mietwohnung? Versuch auf Versuch. So vergingen einige Jahre.

Dann 1969 der dritte Glücksfall. Ein Angebot der Betriebswohnungskommission für eine größere Wohnung in der Südvorstadt, nun schon mit Bad und Innentoilette. Welch eine Aussicht. Aber unmittelbar danach eine erneute Wendung. Es hieß, wir könnten auch in einen Neubau in Johannstadt ziehen. Als ich einem Freund sagte, dass wir wahrscheinlich nach Johannstadt ziehen werden, fragte er warum wir den so weit weg, nach Johann-Georgenstadt, ziehen wollten. Der Irrtum war natürlich schnell aufgeklärt.

Wir waren selbstverständlich sehr neugierig, wo genau wir denn künftig wohnen würden. Also fuhren wir nach einem Blick auf den Stadtplan Dresden am folgenden Wochenende das erste Mal nach Johannstadt. Zwischen Käthe-Kollwitz-Ufer und Striesener Straße fanden wir zwar viele unkrautbewachsene Flächen, jedoch nur wenig Bautätigkeit vor. Lediglich an der Gerokstraße stand ein Kran und man konnte ahnen, dass da wohl ein Haus von beachtlicher Länge entstehen müsste. Zwei Kollegen waren vor einiger Zeit in ein Haus an der Zöllnerstraße eigenzogen, konnten mir allerdings auch nichts Näheres sagen. Meine Nachfrage bei der Wohnungskommission ergab eine ziemlich verschwommene Aussage. Wir bekämen eine Wohnung im Block 3 an der Gerokstraße in der siebenten Etage mit Blick nach Süden. Das konnte ja wohl nur mit dem gesichteten Kran zusammen hängen. Am darauffolgenden Wochenende folglich ein neuer Ausflug nach Johannstadt. Der Bau hatte sichtbare Fortschritte gemacht. Es waren schon drei Hauseingänge zu erkennen.

Die große Baugrube in Richtung Sachsenplatz ließ weitere Hauseingänge vermuten. Wir wollten mehr wissen und fuhren deshalb an einem Wochentag zur Baustelle. Einen Bauarbeiter fragte ich, wo denn der Block 3 entstünde. Er nahm seinen Helm ab, kratzte sich am Kopf und blickte etwas ratlos in Richtung der damaligen Schumannstraße, wo ein Bagger begann, sich in die Erde zu wühlen. Dann meinte er zögernd, dass dies wohl nur mit den drei bereits sichtbaren Hauseingängen zusammenhängen könnte.

Hurra, wir glaubten nun, Gewissheit zu haben. Zur Bauruhe an einem der nächsten Wochenenden führte uns der Weg in einen der drei Hauseingänge, über denen sich schon vier oder fünf der zehn vorgesehenen Etagen übereinander türmten.

Unsere „Bewaffnung" zur Erstürmung unserer Zukunft waren ein Zollstock, Papier und Bleistift. Zentimetergenau haben wir im ersten Stock den Wohnungsgrundriss, die Breite der Fenster und alle anderen augenscheinlichen Notwendigkeiten vermessen.

Zu Hause folgte dann die maßstabsgerechte Einrichtung der Wohnung mit vorhandenen Möbeln und notwendiger Zukäufe.

Und dann kam doch alles ganz anders. Fast nebenbei erhielten wir die Information, dass sich unsere künftige Wohnung in einem fünfzehngeschossigen Hochhaus, wie am damaligen Fučikplatz bereits vorhanden, befinden solle. Da, wo der Bagger inzwischen zwei ansehnliche Gruben links und rechts seiner Schienenbahn freigelegt hatte. Dann hätte die Vermessung unserer „neuen Welt" gar keinen Sinn gehabt. Jetzt nahmen wir Kontakt zur Kommunalen Wohnungsverwaltung auf.

Frau P., eine kleine, rundliche, etwas aufgedonnerte Dame, rief zunächst bei meiner Wohnungskommission an, ob wir überhaupt berechtigt seien, Anfragen zu stellen. Nachdem ihre Neugier befriedigt war, erfuhren wir, dass wir tatsächlich in einem dieser Hochhäuser unser Zuhause haben sollten.

Als sie mir die Auskunft erteilte, hatte sie schon Monate voraus gedacht. Sie fragte mich nämlich, ob ich denn die Funktion des „Etagenverantwortlichen" übernehmen könne. Es ging zum Beispiel darum, die Pflege des unserer Etage zugeordneten Rosenbeetes zu gewährleisten. Es hätte sich sicher auch ein anderer Neumieter bereit erklärt, aber ich dachte ebenfalls

Kurz nach dem Einzug

etwas weiter. Eine stabile Beziehung zur KWV 12 könnte in der Zukunft keinesfalls schaden, dachte ich. Als ich deshalb das nach einigem Zögern zusagte, ließ sie sich sogar unsere künftige Wohnungsnummer entlocken. Es würde die Wohnung 704 sein.

Als ich meinem Eltern, sie wohnten in einer Kleinstadt unweit von Dresden, vom näher rückenden Glück, Dreizimmer-Wohnung mit Fernheizung, erzählte, meinte mein Vater, dass er sich in solch einem "Karnickelstall" nie wohlfühlen würde. Großstadtweite und Kleinstadtmief sind eben zwei recht unterschiedliche Dinge.

Einige Wochen lang beobachteten wir ab und zu durch den neuerdings vorhandenen Bauzaun entlang der Gerokstraße den Baufortschritt, Es ging ganz schön voran. An einem Wochentag pirschte ich mich nach einigen vergeblichen Anläufen an den Bauleiter, um zu er fahren, wann denn mit dem Einzug gerechnet werden könne.

Zwei Flaschen Bergmannsschnaps, sie könnten sich das Zeug ja an kühlen Tagen dem Frühstückstee beimischen, lösten die Zunge etwas. Also, er rechne so mit Anfang bis Mitte November, jedoch nur, wenn der Plan eingehalten werden könne und das sei eben fraglich. Phantastisch, das hieße ja, Weihnachten im Hochhaus. Wiederum nahmen wir, als das Haus etwa drei Etagen gewachsen war, eine Vermessung des Grundrisses vor, denn wir wussten nun genau, wo sich die Wohnung 704 befinden würde.

Einmal im September wagten wir uns, die Kinder fest an der Hand haltend, sogar in die siebente Etage in unser zukünftiges Domizil und genossen die Aussicht. Der Blick ging weit nach Süden bis zur Babisnauer Pappel, in Bodennähe bis zur Striesener Straße. Die ganze Fläche schön bunt mit viel grünen und anderem Gestrüpp.

An einem Sommerabend zog es mich wieder nach Johannstadt zur Baustelle. Das Schlupfloch im Bauzaun war noch vorhanden, aber der Haupteingang zum Haus war versperrt. Ich versuchte es über einen Seiteneingang. Plötzlich hinter mir Hundegebell. Bei meinem Respekt vor Hunden eine schwierige Situation, aber das Tier war glücklicherweise angeleint. Der zugehörige Wächter war recht zugänglich. Das Haus sei nun verschlossen, weil inzwischen schon der Großteil der Küchen eingebaut sei. Ab diesem Zeitpunkt also nichts mehr mit „Besichtigungen".

Gegen Ende Oktober sickerte die vorgesehene Übergabe der Wohnungen zu uns durch. Ab 20. November könnten die Schlüssel empfangen werden. Der Kohlevorrat in unserem Keller müsste also reichen.

Dann die neue Nachricht. Es gebe doch noch Verzögerungen. Genaues könne man nicht sagen. Die Kohlen gingen aus und ich holte noch zwei Zentner. Aber auch die waren in unserer Wohnung im Erdgeschoss bald aufgebraucht. Dann die Nachricht: Mit Weihnachten wird das nichts mehr. Nochmals ein oder zwei Sack Kohlen. Der Händler fragte, ob er denn nicht eine volle Ladung anliefern solle, der Winter stünde ja erst noch bevor.

Neuer Termin: 20. Januar 1970. Neue Absage: Das Wasser ist noch nicht in Ordnung. Natürlich: Nochmals ein Kohletransport, nun aber nur noch ein Sack.

Die Bestellung des Möbeltransportes war damals auch so ein Problemchen. Zweimal habe ich den Termin bei der Firma Seidel neu aushandeln müssen.

Endlich die Aussage: Es kann losgehen. Genau 25 Jahre nach der furchtbaren Zerstörung Dresdens und damit fast der ganzen Johannstadt, am 13. Februar 1970, empfingen wir im künftigen Gemeinschaftsraum die Schlüssel zur Wohnung.

Schon am nächsten Tag und an den folgenden Tagen haben wir die „lockeren" Haushaltsgegenstände in den Trabant gepackt. Weil vorerst nur ein Fahrstuhl, warum weiß ich nicht, zur Verfügung stand, haben wir den Großteil der Ladungen mit Wäschekörben nach oben geschleppt. Vier Tage später folgten dann die Möbel.

Blick zur Holbeinstraße

Noch einige Jahre nach unserem Einzug rumpelten tagsüber und teilweise nachts die Plattentransporter vom Plattenwerk Johannstadt laut scheppernd zu Baustellen an der Holbein-, Cranach- und anderen Straßen. Die Leefahrten zurück zum Plattenwerk waren besonders gut zu hören.

Als Belästigung haben wir das eigentlich nicht empfunden. Wir dachten eher an die Menschen, die vielleicht nun ebenfalls ihre Nasen zu Besichtigungen und Vermessungen in die rasch wachsenden Häuser steckten. Wenn wir vierzig Jahre später den Ausblick genießen, müssen wir uns zwar etwas verbiegen, um die Babisnauer Pappel zu erspähen. Vor uns liegt aber ein wunderschöner Teil der Johannstadt und der etwas weitere Blick schweift vom Borsberg bis hin zur Frauenkirche. Der Fastverzicht auf die Pappelaussicht fällt nicht schwer. Eher macht es uns Freude, von der Pappel aus die Dresdner Johannstadt mit unserem Hochhaus zu suchen.

Tauschzentrale

In den Nachkriegsjahren herrschte ein Mangel an allen Dingen, ohne die das Leben nicht gut auskommen konnte. Tauschanzeigen in Zeitungen, Anschlagtafeln und anderen Ortes waren alltäglich. Etwa:

„Tausche Akkordeon gegen Kartoffeln" oder

„Tausche Fahrrad gegen Mantelstoff",

„Biete Kaffeeservice, suche Naturalien" oder

„Suche Handwagen, biete wertvolle Briefmarkensammlung"

Wer aber hat nun genau die Sache, die ein anderer in seiner Situation entbehren kann. Ist ein schönes Kaffeeservice, Sammeltassen, ererbt von der Großmutter, gebrauchswertig auch dann richtig verwendet, wenn in den Tassen nur der damals übliche „Kaffeeersatz" herauskriecht? Genügt in einer Familie nicht auch ein Fahrrad, wenn für das zweite ein Mantelstoff aus Friedenszeiten zu bekommen ist.

Ein Akkordeon verkümmerte im Kleiderschrank meiner Mutter. Niemand aus der Familie nimmt es auch nur für Minuten in die Hand. Der Vater hatte sich in Vorkriegszeiten gern darauf versucht, ohne dass er wesentliche Fortschritte gemacht hätte. Nun war er immer noch in einem Bergwerk in Jugoslawien und durfte deutsche Schuld abarbeiten. In der Familie wurde lange überlegt, ob man es nicht gegen etwas Wichtigeres eintauschen sollte. Ein Bauer der Umgebung interessierte sich für das Instrument, Marke Weltmeister, und hatte auch gleich einen Sack Kartoffeln mitgebracht.

Des Nachbars mittelprächtige Briefmarkensammlung wurde plötzlich nahezu wertlos im Vergleich mit einem kräftigen Handwagen. Mit dem kann man losziehen zum Kartoffelstoppeln, zum Ährenlesen oder zum Holz sammeln in der Struth, einem nahen Wäldchen. Es war gar nicht unüblich, einen größeren Hund als Zugtier vor einem solchen Handwagen einzuspannen.

Mancher Handwerker stellte den Bauern der umliegenden Dörfer keine Rechnung aus für seine Leistung. Auch die „Kunst" des Dekorationsmalers, mein ältester Bruder musste das Geschäft bis zur Rückkehr des Vaters aus der Gefangenschaft führen, das Verschönern der Bauernstuben, das einfache „kalken" der Kuhställe, wurde mit Naturalien entgolten. Ein Sack Weizen für die Ausmalung eines Zimmers oder ein Mix von einem

Stück Butter, einiger Kilo Kartoffeln und zwei Würste konnten durchaus gängiger Lohn sein.

Wer also besitzt Überflüssiges – Wer aber braucht Notwendiges?

Wie bringt man Dinge Überflüssiges und Notwendiges zueinander?

Kurt K., von irgendwoher nach dem Krieg aufgetaucht, hatte eine Idee. Er verknüpfte die große Vielzahl an Vorhandenem, in dieser Zeit auch manch Nutzlosem, mit dem noch größeren Mangel an Nützlichem. Vielfach war das auch einfach irgendetwas, das in der Küche in den Töpfen landen konnte.

Kurt, später richtete er die erste Eisdiele ein, gründete die „WTZ", die Wilsdruffer Tauschzentrale. Schlau, wie er war, befand sich die WTZ nicht irgendwo verloren in der kleinen Stadt. Er wählte eine Straße, an der viele, viele Menschen vorbei gehen oder fahren mussten. All jene, die den Weg zum Bahnhof täglich zweimal gingen, um zu ihrer Arbeit in Freital oder Dresden zu gelangen, mussten auf der Bahnhofstraße an seiner WTZ vorbei. Natürlich auch die Bauern der zahlreichen Dörfer zwischen Wilsdruff und Richtung Meißen, die zur Landwirtschaftsbank in Bahnhofsnähe fuhren.

Es war eine geniale Verknüpfung von Bedarf und Nachfrage. Er hatte sicherlich auch das Wohlwollen derjenigen, die im Handelsbereich bestimmten, denn noch gab es nicht die HO, die staatliche Handelsorganisation, welche erst 1948 gegründet wurde.

Neben der WTZ als Ort des Aufeinadertreffens von Dingen, deren Zusammenhang vorher niemand auch nur geahnt hätte, existierte noch ein weiter Markt des Tauschens. Das war der „schwarze Markt". Nicht in der kleinen Stadt. Aber in der nicht weit entfernt liegenden großen Stadt. Da wurde getauscht und geschoben, was das Zeug hielt. Dinge, die nicht in den Haushalten vorhanden waren. Sowieso nicht in der Menge und in der Art. Mein ältester Bruder kannte sich auf diesem Markt ganz gut aus.

Die WTZ mit ihrem immer aktuellen Schaufenster war für mich ein Anziehungspunkt. Besonders, als unser Akkordeon angeboten wurde. Es ging ziemlich schnell weg. Meine Angst und die mehrfach angezeigte Möglichkeit, dieses Ding bewältigen zu müssen, waren gebannt.

In den 70er und 80er Jahren entstand noch einmal ein seltsamer Tauschmarkt, auf dem sich Nachfrager und Anbieter wundersam immer wieder und um manche Ecke so ergänzten, dass sich Wünsche erfüllen konnten.

Die kleine und die große Stadt

M eine Kindheit und die Jahre bis zum Halberwachsensein sind geprägt von der Atmosphäre der Kleinstadt Wilsdruff, in der alles überschaubar war. Alle Wege konnten in wenigen Minuten erledigt werden. Doch selbst in dieser kleinen Welt gab es zunächst Grenzen für mich als kleinen Jungen, wenn ich zu Besorgungen geschickt wurde. Obwohl es in der Kleinstadt bis zu zehn Bäckereien gab, lernte ich vorerst nur zwei von ihnen inwendig kennen. Zum einen die Bäckerei Schirmer, über die Straße gelegen, die aber recht bald nach dem Krieg geschlossen wurde. So war dann die Bäckerei Schilling das Ziel für die entsprechenden Einkäufe. Eine andere Bäckerei lag zwar näher, aber die Bäckerfrau wirkte mit einer ziemlich großen Schuppenflechte auf ihrer Wange nicht sehr anziehend. Ich ging sehr gern beim Bäcker einkaufen, möglichst bald nach der Schulzeit. Das Brot aus dem zweiten „Schub" war dann noch nicht so lange aus dem Ofen, manchmal noch leicht warm. Wenn das Brot etwas aufgeplatzt war, konnte ich den knusprigen Krumen selten widerstehen. Das Brot war danach stellenweise natürlich nicht mehr ausstellungsreif. Zuhause bat ich trotzdem darum, vom neuen Brot das „Ränftel" abschneiden zu dürfen. Meine Mutter war dann meist auch nicht sehr widerstandsfähig und gönnte sich selbst einen kleinen Bissen vom köstlichen Brotende.

Meine Freunde und ich kannten außerdem die günstigsten Zeiten, um beim Bäcker Schilling nach Kuchenrändern nachzufragen. Die Ersten waren wir jedoch nicht immer. Mit der Zeit habe ich mit Freunden in gleicher Weise andere Bäckerläden abgeklappert. Trotzdem gingen wir manchmal leer aus, weil dies die Reviere der Anderen waren und es keine Kuchenränder mehr gab.

Anfang Dezember fuhr ich jährlich mit einem Leiterwagen oder Schlitten die Zutaten für die Stollenbäckerei zum Bäcker Schilling. Meine Mutter kam etwas später hinzu und „überwachte" gemeinsam mit anderen Frauen die Stollenbäckerei. War das nun Misstrauen gegenüber dem Bäcker oder einfach Tradition? Ganz sicher war es jedoch die Möglichkeit, sich über Geschehnisse und Kleinstadtskandale auszutauschen zu tratschen und zu klatschen.

Dem Bewegungsdrang und der Neugierde öffnete sich die Kleinstadt zwar mehr und mehr, gleichzeitig gab es jedoch Reviergrenzen, deren

Überschreitung nicht gern gesehen war. Es kam zu teilweise recht brutalen Auseinandersetzungen mit anderen Gruppen, nicht nur während der Fastnachtstage zwischen Indianern und Trappern. Eines der größeren „Scharmützel" fand im Bereich der Umgehungsstraße am östlichen Stadtrand statt. Auf den Seiten der Kämpfer standen je etwa fünfzig Jungen verschiedenen Alters, die mit Stöcken und Lederriemen aufeinander eindroschen. In den frühen Abendstunden griff schließlich die Polizei ein.

Wenn die Felder abgeerntet waren, kam es öfter zu sogenannten „Dreckbatzenschlachten". Ich erinnere mich besonders an eine davon, weil ich einem Geschoss nicht mehr ausweichen konnte und einen Volltreffer ins Gesicht bekam. Es war ein ziemlich trockenes und damit hartes Stück Heimaterde. Der kräftige Blutstrom aus der Nase beendete die Schlacht zugunsten Jungen aus dem Bereich der Nossener Straße.

Die Grenzen der Kleinstadt genügten der Suche nach neuen Gefilden jedoch nicht mehr. Rings um die Kleinstadt Natur in alle Himmelrichtungen, kleine Dörfer im meißnischen Hochland und viele mehr oder weniger geheimnisvolle Orte. Konnte man am Galgenberg zwischen Hühndorf und Weißtropp vielleicht noch den Atem der Gehenkten spüren?

Auch das obere Becken des Pumpspeicherwerkes Niederwartha war sehr anziehend für uns, weil wir hier außerhalb der Regeln des Badebetriebes im Städtischen Schwimmbad unserem Vergnügen nachgehen konnten. Angeln, Schlammschlachten, Lagerfeuer und anderes, was Jungen gerne tun, war eben unter den strengen Blicken des im Stadtbad nicht möglich. Dieses Stück Heimat war für uns immer wieder Anziehungspunkt. Später trugen uns statt der Fahrräder unsere ersten Motorräder dahin. Alles galt es zu erkunden.

Außerdem war die dörfliche Umgebung in den Nachkriegsjahren besonders geeignet, die Selbstversorgung mit Obst, Gemüse, Ackerfrüchten oder auch frischen Hühnereiern aus den Scheunen der Bauernhöfe zu sichern.

Irgendwann ging die Sehnsucht nach Veränderung über diese geweitete Enge trotzdem hinaus. Jeden Tag mehrmals kam aus der nahen Großstadt Dresden ein Büssing gefahren, ein für uns Jungen riesiger Bus mit großer Schnauze.

Nach kurzem Aufenthalt verschwand er wieder. Im Gepäck unsere Phantasie, mit diesem Bus das nächste Stück Welt zu erobern zu können. Könnte uns der Busfahrer nicht einmal mitfahren lassen? Was tun? Die

Eltern meines Freundes Karli besaßen eine Bäckerei. Eines wussten wir. In der großen Stadt waren die Menschen mit Naturalien nicht annähernd so versorgt wie wir. Ein Brot oder einige Semmeln weniger im Laden konnten doch wohl nicht auffallen?

Probeweise klaute Karli ein Brot. Wir gingen damit nach Ankunft des Busses auf den Marktplatz. Siehe da, es kam wie erwartet: Das Brot war der Schlüssel, der Türöffner für eine Mitfahrt in einen Dresdner Vorort, nach Löbtau, und manchmal bis in das Herz der großen Stadt, dem Hauptbahnhof. Wir durften ganz vorn sitzen und sahen aus dieser Perspektive ein weiteres Stück der Welt. Aufregend. Manchmal sollten wir uns ducken. Warum genau, weiß ich nicht. Naturalkontrollen werden es wohl nicht gewesen sein.

Viel zu sehen gab es nicht in der großen Stadt. Rings um die Endstation, den Hauptbahnhof, Ruinen, nichts als Ruinen.

Es kommt heute eher selten vor, dass ich mit dem Bus zwischen der kleinen und der großen Stadt unterwegs bin. Aber wenn ich den Bus benutze, fahren in Gedanken immer ein Brot oder ein paar Semmeln mit. Jahrzehnte später sind die kleine Stadt und ihre Umgebung für mich immer noch und immer wieder sehr anziehend. Wanderungen zu Fuß oder Touren mit dem Fahrrad rund um Wilsdruff, durch die Dörfer des meißnischen Landes zum Galgenberg, in das Saubachtal, zu Schlössern mit ihre Mythen und Sagen bringen Erinnerungen über Streiche und Begebenheiten, die fast schon vergessen waren.

Rumpelstilzchen

M einen ersten Auftritt auf einer richtigen Bühne habe ich im Dezember 1946, der den besonders kalten Winter nur erst ankündigt. In diesem Winter werden sich in unserem Schlafzimmer später noch richtige Eiskristalle an der Wand zeigen. Das Familienleben spielt sich jedoch schon in der Vorweihnachtszeit ausschließlich in der Küche ab, das Wohnzimmer nennen meine älteren Brüder nur noch den „Eispalast".

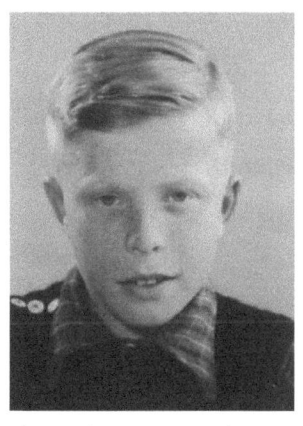

Doch die Vorweihnachtszeit und die Vorfreude auf den Weihnachtabend bestimmen meine Gefühle sehr stark. Das umso mehr, als auf der Bühne im „Goldenen Löwen" Passagen aus einigen Märchen der Gebrüder Grimm aufgeführt werden. Ich bin dabei und als Rumpelstilzchen auserwählt. Die Wahl fällt Frau Eckelt, der Lehrerin, nicht schwer. Mir fehlen in dieser Zeit oben und unten je ein Zahn. Mit rotblonden Haaren und einem von Sommersprossen übersätem Gesicht und reichlich Temperament bin ich für sie die richtige Besetzung. Texte kann ich mir sowieso gut merken. Hinter der Bühne wird mir ein braunes, aber viel zu großes Zwergenkostüm verpasst. Das der Auftritt zu einem schönen Lacher für den prall gefüllten Saal wird, ist noch nicht abzusehen. Die Hose rutscht mir bei jedem Hopsasa, das ich probeweise vollführe, sofort herunter. Siegfried Haase, er soll später einen Prinzen spielen, weiß Rat. Er steckt die Hose irgendwie mit einer Sicherheitsnadel zusammen und auch Frau Eckelt meint, das würde schon gut gehen. Aber mein Auftritt entwickelt sich anders als gedacht. Wie die Märchenkenner wissen, springt das Rumpelstilzchen schließlich voller Freude über sein Geheimnis um das Feuer und ruft dabei: „Ach wie gut das niemand weiß, dass ich Rumpelstilzchen heiß." Ich beginne also gegen Ende meines Auftrittes voller Begeisterung meinen Tanz um das Feuer. Plötzlich merke ich, wie mir die Zwergenhose wieder nach unten rutscht. Die Sicherheitsnadel hat sich gelöst und ich halte die Hose nur noch mit beiden Händen. Meinen Text möchte ich trotzdem gern los werden, aber der ist weg. Weit, weit weg. Obwohl ich doch nun gar nicht mehr viel zu sagen habe.

In der Seitenbühne ist Frau Eckelt ganz verzweifelt und ruft mir Worte zu, die ich in der Aufregung nicht verstehe. Ich bleibe wie angewurzelt stehen. Ich sehe nur, wie Frau Eckelt in der Seitenbühne auf und nieder hüpft und mir zuwinkt. Das ist wohl die Aufforderung, den Auftritt wenigstens in dieser Weise zu beenden und dann von der Bühne zu verschwinden. Also springe ich noch etwas hin und her. Plötzlich rutscht mir die Hose aus den Händen und ganz nach unten. Das Auditorium tobt und glaubt wohl, dass das so inszeniert ist. Aber das ist es eben nicht. Ich stehe einige Sekunden, für mich eine Ewigkeit, und starre in den Saal. Das Publikum scheint weit unter mir zu sitzen. Schließlich erlöst mich Frau Eckelt und führt mich, dem Saal zuwinkend, von der Bühne.

Im Märchen versinkt das Rumpelstilzchen bekanntlich voller Zorn mit Blitz und Donner im Erdboden. Das sich der böse Zwerg auf eine andere Weise blamiert, wird von den Zuschauern als dankbare Überraschung entgegen genommen. Frau Eckelt erntet für „ihre" Inszenierung anerkennende Worte, obwohl ich es doch war, der das so ungewöhnliche Ende des Märchens gestaltet hat. Einige Tage später streicht mir Frau Eckelt über den Kopf und sagt: "Du hast dein Rolle zwar etwas anders, aber doch ganz gut gespielt." Dann lächelt sie und drückt mir eine Sicherheitsnadel in die Hand.

Lass die Rute tanzen

D er November hat begonnen. Der Hauer Maier, dem ich nach dem Ende der Lehrzeit einige Wochen zugeordnet bin, nennt ihn den Stollenmonat. In diesem Monat muss besonders rangeklotzt werden. Die Lohnrestzahlung Mitte Dezember bestimmt schließlich, ob noch ein Weihnachtswunsch mehr erfüllt werden kann und sei es auch nur eine besondere Fressalie. Meine frühere kindheitsfreudige Erwartung auf das Fest ist ersetzt durch die Freude auf die freien Tage, denn schon am Tag vor dem Weihnachtsabend muss ich nicht mehr in den Schacht einfahren.

Die Frau meines ältesten Bruders arbeitet beim Schneidermeister L. Er ist von Wuchs etwas klein geraten. Deshalb glaubt er, es sei besser, als Weihnachtsmann für seinen dreijährigen Sohn eine andere männliche Person in Dienst zu nehmen. Ich bin zwar auch kein Herkules von Gestalt, aber meine Schwägerin sagt ihm, zunächst ohne mein Wissen, dass ich doch ganz gut den Weihnachtsmann spielen könne. Ich lasse den Schneider wissen, dass ich die Rolle übernehmen werde. Ich sage auch deshalb zu, weil mir der Schneidermeister erst im Frühherbst eine schmucke, damals sehr moderne Manchesterjacke in olivgrün geschneidert hat, die bei meinen Freunden ziemliche Beachtung findet. Vielleicht, weil ich als recht zuverlässig gelte, wird in den folgenden Wochen über das Vorhaben nicht mehr gesprochen. Oder auch, weil das Schneiderlein mit seiner kleinen Mannschaft, dazu gehören nur seine Frau und meine Schwägerin, viel Arbeit hat. Am Vormittag des Heiligabends arbeiten sie noch an einem Eilauftrag einer Art Hemdfliegen, die damals die sonst üblichen Krawatten ersetzen.

Das Anputzen des Weihnachtsbaumes, früher eine meiner Aufgaben, die ich gern wahrnahm, begeistert mich schon lange nicht mehr.

Mit meinen Fußballfreunden von der Sportgemeinschaft Motor habe ich mich deshalb für den Vormittag des Weihnachtstages verabredet. Wir treffen uns im „Weißen Adler" auf einige Runden Bierlachs. Es ist vereinbart, sofort alle Spiele als „Bock" auszufechten. Das bedeutet, die Runden sind ziemlich schnell beendet. Damit fließt das Bier, der Verlierer muss nach der Regel eine Runde bestellen, ebenfalls hurtig durch die Kehlen. Nach einer einiger Zeit bekommen wir Lust auf ein Spielchen Billard. Gehen wir dafür nun in die Bahnhofsgaststätte oder zu Kurt S., dem Wirt vom „Amtshof"? Nach etwa eineinhalb Stunden im

„Amtshof", eigentlich schon auf dem Heimweg, meint Einer, wir müssten der Tante Else, der Wirtin unserer Fußballstammkneipe, noch einen kurzen Weihnachtsbesuch gönnen. Also landen wir nun auch noch in der „Parkschänke". Aber der Aufenthalt zieht sich doch etwas länger hin als geplant. Das Bier fließt nur noch sehr spärlich, aber wir haben uns festgequatscht und singen auch einige unserer Fußballlieder. Als wir gegen drei Uhr beschließen, nach Hause zu gehen, trifft mich der Blitz der Erinnerung an das Versprechen, bei Lubinskis den Weihnachtsmann zu spielen. Mit einbrechender Dunkelheit soll die Aufführung über die Bühne gehen. Meine Mutter hatte, schon in leichter Verzweiflung, vor knapp zwei Stunden meinen Bruder in den „Weißen Adler" geschickt, um mich heimzuholen. Von einigen Gästen erfährt er, dass wir entweder in die Bahnhofsgaststätte oder in den „Amtshof" wollten. Die zwei Lokale liegen recht entgegengesetzt in der Stadt und so dauert auch diese Suche ihre Zeit. Nach der Anfrage bei Kurt S. glaubt er, dass ich inzwischen zu Hause angekommen sei. Die Mutter, eine Vertreterin der Zuverlässigkeit, ist nun schwer in Nöten. Wo ist der Junge abgeblieben? Sie ist aber trotzdem froh, als ich zu Hause ankomme.

Ich versuche, mir unseren Umtrunk möglichst wenig und mein Vergessen überhaupt nicht anmerken zu lassen. Das Gezeter der Mutter, während sie die Verkleidung bereitlegt. lasse ich über mich ergehen. Ich gebe zu verstehen, dass bis Einbruch der Dunkelheit noch genügend Zeit sei, mich umzuziehen und zum Schneidermeister zu laufen. Es sind doch nur wenige Minuten Fußweg. Kurz nach Vier werde ich zum Aufbruch gedrängt. Ich hätte gern noch etwas Auszeit genossen, aber nun muss ich los. An den Füßen trage ich alte Gummistiefel, die ich mir von Gerhard S., dem Lagerverwalter auf dem Schacht, ausgeliehen habe. Die Fußwege entlang der Poststraße zum Neumarkt sind recht winterlich bedeckt. Mit einer Hand halte ich den Sack über der Schulter, in der anderen Hand trage ich die Maske. Das macht das Laufen in den Gummistiefeln, im zu weiten, roten Mantel und dem Sack mit dem Spielzeug für den kleinen Peter nicht leichter. Ich komme zum kleinen Haus am Neumarkt und setzte mir die hässliche Maske auf.

Mit der Rute klopfe ich an die Haustür, aber das reicht nicht. Also nehme ich die Faust zur Hilfe. Heraus kommt die Schneiderfrau und ruft laut:" Peder, komm ma schnell her. Gugg ma, wer da gekomm is, dor Weihnachtsmann." Die Regeln für meinen Auftritt sind natürlich vor einiger Zeit schon besprochen worden. Peterle soll auf jeden Fall den Spruch vom „lieben, guten Weihnachtsmann" aufsagen, ehe ich dann zu Wort kommen soll. Auf einem Zettel ist mir aufgeschrieben, was der Kleine künftig anders und was er nicht mehr tun soll. Ich suche das Papier in der linken, dann in der rechten Manteltasche. Da ist er nicht. Vielleicht habe ich ihn schon zu Hause in die Hosentasche gesteckt. Argwöhnische Blicke der Erwachsenen begleiten mein Tun. Ich kann nichts finden. Die Schwägerin kommt dicht an mich heran und gibt mir Hinweise. Nach wenigen Augenblicken wendet sie sich von mir ab. Es ist wohl der Geruch vom Mottenpulver, der im Mantel steckt und das Dunstgemisch von Bier und Zigarettenrauch, das mir aus den Kneipen anhängt. Die Maske selbst riecht auch irgendwie nach Schweiß der Vorbenutzer. Wer weiß, wie alt das Ding ist. Das Meiste, was sie mir zuflüstert, verstehe ich nicht. Am deutlichsten ist das Wort „Rute" zu vernehmen. Ich sage dem Peterle deshalb nur, dass er doch besser immer ein lieber Junge sein soll, sonst käme ich noch einmal wieder und drohe ihm dabei mit der Rute. Peterle verzieht sein Gesicht zum Weinen und weicht zurück. Zur Beruhigung zeige ich auf den Sack und öffne ihn. Das Kerlchen rückt wieder an mich heran und gemeinsam packen wir den Sack aus. Ich atme, unter der Maske und dem Mantel fürchterlich schwitzend, auf. Kleine Rinnsale Schweiß laufen mir den Rücken hinunter. Wie nun weiter?

Meine Mission ist doch letztlich erfüllt. Peterle spielt mit einem Auto und ich stehe jetzt untätig herum. Der Schneider sagt:" Weihnachtsmann, nu setz dich nor erst ma e bissl. Ich hab dich beobachded. Das war ganz schön anstrengend für dich." Er weist auf den Stuhl zwei Meter hinter mir. Vielleicht noch beeinträchtigt durch den Umtrunk und zusätzlich behindert durch die Maske, verpasse ich rückwärtsgehend den Stuhl etwas und kippe nach der Seite ab. Der Schneider hilft mir zurück auf den Stuhl. Da sitze ich nun und es ist mir schon ein bisschen peinlich. Seine Frau meint, der Weihnachtsmann könne auf den Schreck wohl einen Schnaps vertragen. Der Schneider ist anderer Meinung.

Nun gerade, denke ich und zeige mit der Hand auf die Flasche auf dem Tisch. Seine Frau füllt ein Gläschen ein und reicht es mir. Ich blicke zum Peterle, der hinter mir noch mit dem Auto spielt und schiebe die Maske auf die Stirn. Die Maske samt Mütze rutscht jedoch nach hinten ab. Schnell kippe ich den Schnaps hinunter.

Plötzlich steht Peterle vor mir mit Mütze und Maske in der Hand und sieht mich staunend an. Was tun? Ich verwandle mich schnell zurück in den Weihnachtsmann. Die menschliche Seite des Weihnachtsmannes hat Peterle offensichtlich gefallen. Er drückt sich an mich. Wie soll ich die Situation lösen? Ich beginne mit dem Kleinen ein Gespräch, was er am liebsten mit Mama und Papa spielt. Er erklärt mir auf seine Weise, dass die Eltern immer zu viel schneidern würden. Daraufhin reitet mich der Teufel. Ich winke die beiden zu mir heran und sage ihnen, dass sie in Zukunft mehr Zeit für ihren Sprössling haben müssten und lasse die Rute auf ihrem Hintern tanzen. Das versetzt Peterle in Verzückung. Der Weihnachtsmann, den man ihm doch als eine Art Zuchtmeister angekündigt hat, gibt der Rute eine ganz unerwartete Funktion. Er klatscht in die Hände, während das Schneiderpaar versucht, sich der tanzenden Rute zu entziehen. Nun geht aber mein, manchmal sowieso überschäumendes Temperament, vollends mit mir durch. Ich verfolge die beiden durch die Schneiderstube und lasse dabei die Rute weiter tanzen. Peter sieht staunend zu. Die Schwägerin hält mich schließlich in meinem Drang auf und auch ich finde, dass es nun genug ist. Außerdem hat sich mein Schwitzzustand weiter entwickelt. Ich verabschiede mich von allen Anwesenden mit der Aufforderung, immer und immer lieb zu sein. Peterle hängt sich noch einmal an meinen Mantel. Ich streiche ihm über seinen blonden Wuschelkopf und sage ihm, dass ich nun noch zu vielen anderen Kindern gehen müsse. Dann stapfe ich aus der Schneiderstube. Dieser Weihnachtsabend war noch des Öfteren ein Gesprächsthema im Familienkreis.

Viele Jahre später, ich habe selbst schon zwei Kinder, werde ich von einer Wanderfreundin, sie ist Oma zweier Mädchen, gebeten, ihren Enkelkindern am Weihnachtsabend ordentlich die Leviten zu lesen. Dazu hat sie mir eine ziemlich lange Liste übergeben, die ich „abarbeiten" soll. Zwei Tütchen mit Bonbons steckt sie mir in den Weihnachtsmantel. Die Bonbons soll ich zum Schluss an die anwesenden Kinder, Eltern, Omas und Opas verteilen. Ich fahre in Weihnachtsmannkluft mit dem Trabbi zur Glashütter Straße. Auf der Schandauer Straße stehen am Kulturhaus Pentacon mehrere Kindergruppen. Ich fahre langsam heran und hupe mehrfach. Die Kinder winken mir begeistert zu. Nun kann ich nicht anders. Ich halte nach der Kreuzung an, gehe zu den Kindern zurück und verteile fast alle Bonbons.

In der Wohnung angekommen werde ich von der Oma wiederum aufgefordert, den Zuchtmeister zu spielen.

Aber ich interpretiere meine Rolle auch diesmal ganz anders als erwartet. Nachdem ich kurz mit den Mädchen gesprochen habe, die Jüngste zittert ganz schön, weil sie wohl einen bösen, strafenden Weihnachtsmann erwartet hat, wende ich mich den Erwachsenen zu. Weil ich die gesamte Familie recht gut kenne, wird es ein lustiger Auftritt. Die Kinder sind ganz begeistert, weil die Rute vor allem für die Erwachsenen tanzt. Der Oma sage ich, dass ich den Zettel vergessen habe, den ich in Wahrheit nie gelesen habe.

Der Jasminstrauch

An manche Düfte oder Aromen der Kindheit und Jugend erinnere ich mich noch Jahrzehnten. Sie haben sich ganz fest ins Gedächtnis geprägt. Sonderbar. So viele Begebenheiten, die damals, zumindest für den Augenblick bedeutender und aufregender waren, haben der menschlichen Gedächtniskraft nicht standgehalten und werden bestenfalls in Gesprächen mit Freunden wiedererweckt.

In meinen ersten Jahren Untertage waren so manche Gerüche alltäglich. Ein Gemisch aus Gesteinsstaub, Öl, nitrosen Gasen und Pressluft nach einer Sprengung begegnete mir fast jeden Tag. Den Geruch einer frischen Gurke jedoch habe ich kaum wieder so intensiv wahrgenommen wie Untertage, wenn ein Kumpel irgendwo im mir zufließenden Strom der frischen Wetter die erste Frühjahrsgurke gegessen hat. Dieses Aroma verbreitete sich dann noch über hunderte Meter weiter in den abfließenden Strom der Wetter und ist nicht mehr wiederholbar.

Den Duft von Jasmin dagegen kann ich jedes Jahr im späten Frühling immer aus Neue genießen. Meine Gedanken springen dann Jahrzehnte zurück in den kleinen Hof meiner Kindheit. In den Hof, in dem ich viele Stunden verbrachte. In dem ein Jasminstrauch, gleich neben der Aschegrube, sein Leben verbrachte. Er hatte keine Aussicht, die in ihm verborgene Pracht voll zu entfalten. Die Sonne des Morgens blieb ihm verwehrt durch das Nachbarhaus. Die Mittagssonne verharrte nur wenige Stunden in der Strauchspitze. Wenn dann die Abendsonne die Tage länger werden ließ, stand der Strauch längst im Schatten. Über die Jahre reckte und streckte er sich. Er wuchs wohl in die Höhe, der Stamm wurde lang und länger. Aber die schönen, weißen Blüten konnte der Strauch, nun schon fast ein Baum, nur hoch oben entfalten.

Vom Küchenfenster, das in den engen Hof hinaus ging, hatte ich die Blüten näher vor mir als wenn ich im Hof spielte. Dann war es, als ob der Jasminstrauch seine ganze Kraft in seine doch weniger als übliche Blütenanzahl stecken wollte. Der Duft erfüllte den ganzen kleinen Hof und stieg durch das Küchenfenster hinein bis in die Küche.

Einige Jahre später musste mein Jasminstrauch einer kleinen Werkstatt weichen, die mein Vater für sein Malergeschäft errichten ließ. Der Hof, den ich im Frühsommer täglich mehrfach betrat, hatte damit viel von seinem Reiz verloren. Als Kind und Jugendlichem war mir die Schönheit des Strauches damals nicht so bewusst. Heute betrachte ich jeden Jasminstrauch mit anderen Augen und vergesse nie, an den Blüten zu riechen. Aber sonderbar, der intensive Duft des Strauches im Hof bleibt unvergleichlich.

Annäherung (Monika)

A ngst und gleichzeitig Hoffnung in der derselben Sekunde, Minute oder einer scheinbar ewigwährenden Stunde. Danach Sieg oder Niederlage, freudetrunken oder schwer ums Herz und vielleicht sogar fassungslos. So manches Ereignis überfällt uns tatsächlich wie der sprichwörtliche Blitz aus heiterem Himmel.

Die täglich notwendigen Anpassungen oder Annäherungen werden schnell vergessen und finden in unserem Gedächtnis nur einen Platz ganz, ganz weit hinten oder verstauben vollkommen. Es gibt aber besondere Geschehnisse, an die man gern oder auch nicht sehr gern denkt. Im folgenden Fall denke ich schon ganz gern zurück.

Ich ging in die letzte Klasse der Grundschule. Vielleicht war ich auch schon im ersten Lehrjahr. Ob ich sie in der begrenzten Enge der Kleinstadt schon einmal bewusst wahrgenommen hatte, ist mir entfallen. Vielleicht unbewusst. Es könnte irgendwo im Schulhaus oder im städtischen Schwimmbad gewesen sein. Oder auch anderswo. Das ist in der Erinnerung verschwunden. Die jüngeren Jahrgänge werden von den Fast-Schulabgängern oder schon Lernenden meist sowieso nicht für voll genommen. Später, auf dem Tanzsaal wird das ganz anders sein.

Nicht entfallen ist mir der Winterabend auf dem Kirschberg. Ich saß etwas verträumt allein auf meinem Schlitten. Auf dem Berg, eigentlich nur einem Hügel am Rande der Stadt, war es schon dunkel. Einige Schneeflocken waren unterwegs. Während der anderen Jahreszeiten gehörte das Gebiet um den Kirschberg nicht zu meinen Revieren. Im Winter jedoch trafen sich besonders hier Kinder und Jugendliche zum Rodelvergnügen. Die Winter in meiner Kindheit wurden ihrem Namen viel mehr gerecht als die heutigen Kurzbesuche der Frau Holle. Manchmal scheint sie den Winter fast vollkommen zu verschlafen.

Die jüngeren Rodler hatten den Hang schon längst verlassen. Jetzt trafen sich Mädchen und Jungen, die die Nähe des jeweils anderen Geschlechtes suchten, sich aber meist noch nicht trauten, den Kontakt direkt aufzunehmen. Rodeln auf dem Kirschberg war dafür ein Anlass. Neben dem Spaß, sehen und gesehen zu werden. Meine Freunde waren an diesem Abend schon zu Hause oder gar nicht mitgegangen. Eine Gruppe Mädchen kam immer wieder schnatternd den Berg herauf und verschwand auf ihren Schlitten in der Dunkelheit. Ich saß also allein auf meinem Schlitten und überlegte, ob ich nun noch einmal abfahren sollte oder doch lieber nach Hause gehe.

Plötzlich saß sie vor mir auf dem Schlitten und rief laut: „ Los, fahr los." Sie lehnte sich weit zurück, so dass ich bald nach hinten vom Schlitten gerutscht wäre. Halt konnte ich nur nach vorn finden. Das Abdrücken des Schlittens mit den Füßen sicher ging gut vonstatten, sonst wären wir ja nicht unten angekommen. Aber mir hat sich bei dieser ersten Talfahrt ein unauslöschliches Gefühl in mein Gedächtnis geschrieben. Selbst durch ihre winterliche Kleidung spürte ich ihren Körper, ihre weiche Brust, ein Neues, dass man nicht vergessen kann. Ihr Gesicht hatte ich noch gar nicht sehen können. Ihre dunklen Haare, die unter der Wintermütze keinen Platz mehr gefunden hatten, nahmen mir den Rest der Sicht. Aber ein irgendwie neuer Duft, den ich tief einzog, nahm in meiner Nase Platz. Die Fahrt hätte viel länger dauern können. Am Ende der Fahrt sprang sie schneller als ich vom Schlitten, sah mich an und sagte fragend oder doch eher fordernd an: „Das war schön. Los, noch einmal". Da, wenn auch nur kurz, konnte ich ihr Gesicht sehen. Der Augenblick war, wie eben ein Augenblick, nur sehr kurz. Aber ich glaubte, ein Antlitz aus einem meiner vielgelesenen, aber schon fast vergessenen Märchenbücher zu sehen. Oder war sie das Mädchen auf dem Buchdeckel eines der Bücher um das Mädchen „Goldköpfchen", nur mit dunklen Haaren?

Im Wintermondlicht lachte sie mich mit ihrem puppengleichen Gesicht, etwas rundlich wie das ganze Mädchen, immer wieder an, während wir den Schlitten gemeinsam auf den Berg zogen. Nun war nicht mehr daran zu denken, nach Hause zu gehen. Wieder und wieder genoss ich die Abfahrt, aber auch ihr von der Winterluft leicht gerötetes Antlitz. Auf einer der letzten Abfahrten kippte unser Schlitten um. Im Schneegestöber kamen wir uns sehr nah. Wer nun schneller war, weiß ich nicht mehr. Aber ich denke, es war für uns beide der erste, etwas schüchterne Kuss. Ihre vollen weichen Lippen schmeckten ganz anders als die schon einige Zeit zurückliegenden Gute-Nacht-Küsse der Mutter.

Wir waren gerade wieder auf dem Weg nach oben, als die Glocken der Nicolaikirche zur siebenten Abendstunde schlugen. Ich war schon sehr überrascht, als sie mich beim Vornamen nannte und sagte:" Du, Erhart, jetzt muss ich nach Hause gehen. Würdest du mich begleiten"? Dass mir der Vorschlag nicht selbst eingefallen war, ärgerte mich zwar etwas, aber das jetzt egal. Auf dem Heimweg haben wir uns nicht sonderlich viel erzählt. Wir waren wohl, jeder für sich, mit dem Rodelabend, vielleicht besonders auch der Küsschenfahrt beschäftigt. Inzwischen hatte ich sie auch gefragt, wo sie denn wohne. Es war für die Verhältnisse einer Kleinstadt eine ziemlich entfernt liegende Straße, die ich nur einmal monatlich überquerte, wenn mich meine Mutter zur Ortskrankenkasse schickte.

Die nächsten Tage waren meine Gedanken oft bei meinem Rodelmädchen namens Monika. Ich hätte mich mit zum erneuten Rodeln verabreden sollen, ich Esel. Ich weiß nicht, wie oft ich in den nächsten Tagen in der Nähe ihres Hauses herumschlich.

Einige Wochen später sah ich sie wieder auf dem Rodelberg. Sie fuhr immer und immer wieder mit dem gleichen Jungen den Berg hinunter. Sie winkte mir wohl auch einmal zu. Aber das war es zunächst auch mit der Annäherung an die Weiblichkeit.

Dieser Schmerz einer ersten, frühen, aber wohl doch schon tieferen Liebe, hat sich in mir eingegraben. Er hilft mir noch heute, die Gefühle der ersten Liebe, wenn sie die Generationen nach mir erfassen, zu verstehen.

Bahnhofstraße

Alles auf der Welt, Menschen, Blumen, Tiere, Begebenheiten, auch Nichtgreifbares wie Geist, Angst und Freude, brauchen zur Unterscheidung einen Namen, der das Ding oder die Erscheinung charakterisiert.

Es gibt aber Straßen, die sehr unterschiedlich beschaffen sind, aber alle den gleichen Namen tragen. Sie sind gerade, krumm, an- oder absteigend, lang oder kurz: Bahnhofstraßen.

Viele Städte, die ich kennen lernte, haben eine Bahnhofstraße. Auf vielen Dörfern sind die Adressen der Anwesen oft nur durch Nummern zu finden. Doch selbst in dörflichen Gemeinden findet man oft eine Bahnhofstraße. Welchem Ortsfremden hilft zur Orientierung schon der Name Kastanienallee, Rosenweg oder Hauptstraße? Aber Bahnhofstraße - das dient der Orientierung, wenn der Mensch die größere Welt sucht oder wenn er sich verloren hat in einer unbekannten Stadt. Selbst die Sonne am Tag oder der Mond bei Nacht können ihm nicht helfen. Wenn der Fremdling jedoch nach dem Bahnhof fragt, dann führt ihn die Wegbeschreibung über manch andere Straße, kleine Wege, aber zuletzt über eine Bahnhofstraße.

Der Bahnhof in Wilsdruff war für uns Jungen immer ein Anziehungspunkt. Auf dem Güterbahnhof war ständiger Hole-und Bringebetrieb. Bei schlechtem Wetter suchten wir gern die kleine Bahnhofshalle auf, um uns die Zeit mit einer Skatrunde zu vertreiben. Oder auch, um einfach nur auf den nächsten Zug zu warten. Nicht immer ging es dabei leise und gesittet zu. Dann wurden wir von einem „Diensthabenden" des Bahnhofes verwiesen. Bis zum nächsten Mal.

Blick aus dem Wohnzimmer in Richtung Markt

Die Schienen der Schmalspurbahn waren sich viel näher als bei den großen Bahnen, aber
auch auf ihnen konnte die Welt ohne große Anstrengungen in drei Richtungen bequem erkundet und erweitert werden.

Die Strecken nach Meißen und Nossen habe ich seltener befahren. Die Strecke nach Freital jedoch wurde mit Beginn meiner Lehrzeit ein tägliches Erlebnis, manchmal auch ein Abenteuer.

Die letzten Kriegstage, rings um die kleine Stadt war heftig gekämpft worden, hatten jedoch kaum größere Schäden an Gebäuden hinterlassen. Von der Struth aus, einem Wäldchen westlich der kleinen Stadt, hatte eine russische Artillerieeinheit in die Stadt geschossen, aber nur das Postgebäude richtig getroffen. Die Bäckerei meinem Haus gegenüber auf der Bahnhofstraße entging einem weiteren Volltreffer, weil große, kräftige Bäume der Granate den Weg versperrt hatten. Ein Soldat wurde durch Splitter getötet. Sein Blut war aus dem Hoftor auf die Straße gelaufen. Das hatte den Nachbarn zu der seltsamen Frage an den Bäckermeister veranlasst, ob sie denn noch schnell geschlachtet hätten.

Es hätte viel schlimmer kommen können, denn die nach Süden auf der Bahnhofstraße abziehenden SS-Einheiten hatten in unserem Haus und gegenüber in der Bäckerei Gefechtsstände einrichten wollen und die Stadt noch am 7. Mai 1945 zur Festung erklärt.

Weil unser Keller als Luftschutzraum gekennzeichnet war, hatten sich nicht nur Hausbewohner, sondern auch Nachbarn darin versteckt. Die weißen Großbuchstaben LSR waren noch viele Jahre später erkennbar.

Blick in Richtung Bahnhof

Der Keller war voll Menschen gewesen. Meine Mutter hatte bei einem SS-Mann besonders wegen der Kinder im Keller heftig protestiert und daraufhin war die SS-Einheit weiter nach Grumbach gezogen, um dort im Pfarrhaus den Endsieg vorzubereiten. Zurück auf die Bahnhofstraße. Kurz nach dem Abzug der deutschen Truppen und der sie

68

verfolgenden Kampftruppen der Roten Armee war der Krieg zu Ende. Im Erdgeschoss unseres Hauses richteten die Russen kurzzeitig ihre Kommandantur ein.

Vielleicht auch, weil ein Teil der Truppen auf dem Bahnhof zurückverladen werden sollte ?

Einige Hinterlassenschaften des Krieges waren noch Monate nach Kriegsende in der Umgebung von Wilsdruff in der Stadt selbst vorhanden, so Panzer und Kanonen sowie anderes diverses Kriegsgerät. Bauern mit Pferdegespannen und Traktoren mussten diese Erbschaften des Krieges in den Herbstmonaten zu Verladung auf den Bahnhof schleifen.

Besonders eindrucksvoll war die Aktion hinter den Traktoren, denn die schweren Teile der Kriegsgeräte schepperten nicht nur ziemlich laut über das Kopfsteinpflaster, sie erzeugten gleichzeitig ein sehr eindrucksvolles, funkensprühendes Feuerwerk. Die Schleifspuren waren noch lange danach sichtbar. Von den Fenstern unserer Küche und des Wohnzimmers war meine Bahnhofstraße wie ein Schaufenster in die Welt. Wer kam vom und ging zum Bahnhof?

Im Winter, damals war der Winter jedes Jahr ein wirklicher Winter, hingen wir uns an die Pferdeschlitten der Bauern, die das nicht immer wohlwollend hinnahmen. Im Frühjahr und Herbst waren es die Zirkuswagen, die Wagen der Karussell- und Luftschaukelbesitzer, die uns Vergnügungen ankündigten. Bis in die 50er Jahre führten Bauern Pferde aller Rassen und Größen auf den Pferdemarkt auf den Platz am Schützenhaus.

Später ging oder rannte ich noch vor fünf Uhr in der Frühe zum Bahnhof, um den ersten Zug der Kleinbahn nach Freital zu erreichen, zu meiner Lehrstelle im Steinkohlenwerk. Die Straße erhielt später den Namen Karl-Marx-Straße. Heute heißt sie Freiberger Straße, weil es den Bahnhof nur noch als Museum gibt und Karl Marx als Philosoph nicht mehr nachgefragt ist Obwohl er den Kapitalismus doch so treffend charakterisiert hat.   Wenn ich mit Jugendfreunden in Erinnerungen krame, ist diese Straße freilich immer die Bahnhofstraße.

Schule, Freizeit und Kinderspiele

In die Schule bin ich weder mit riesiger Begeisterung noch mit betonter Abneigung gegangen. Die meisten Schulstunden sind sowieso in den kaum noch erreichbaren Gründen der Erinnerung verschwunden. Geblieben sind natürlich manche besonders interessante Stunden. Wie zum Beispiel in Heimatkunde, als die junge Neulehrerin Fräulein Kache, es war wohl in der dritten Klasse, mit uns an einem Nachmittag eine Bisamratte gefangen hatte. Am nächsten Tag, das Tier hatte die Nacht in der Gefangenschaft nicht überstanden, hat sie die Ratte auf dem Lehrertisch seziert, um uns ihr Innenleben vorzuführen. Einem Mädchen aus der Klasse ist bei der Aktion sehr schlecht geworden. Ihr Mageninhalt vor dem Lehrertisch und der Ratteninhalt auf dem Lehrertisch waren auch nicht besonders appetitlich anzusehen.

Die Geschichtsstunden bei Herrn Kaiser in der fünften Klasse waren für mich als lesehungrigen Jungen oftmals vormittägliche Höhepunkte. Er verstand es besonders, uns die kriegerischen Auseinandersetzungen der Antike sehr, sehr anschaulich zu vermitteln. Seine Darstellung des Lebens der Spartaner, die neugeborene Mädchen von den Felsklippen geworfen haben sollen, weil diese im Krieg nicht gebraucht werden konnten, fand ich trotzdem ziemlich schaurig. Ein Hospitant des Schulamtes hätte das sicher für kritikwürdig gehalten.

In der siebten Klasse saß vor mir Gerda Hielscher. Ihr Gesicht war wie meines auch mit vielen Sommersprossen übersät. Ich fühlte mich mit ihr im Geiste verbunden, denn beide hatten wir auch die Farbe Rot bei der Verteilung Haarfarbe abbekommen. Ihr Haar war wunderbar kastanienrot. Sie trug es meist als kräftigen Zopf bis weit zwischen ihren Schultern hängend. Er verlockte mich immer und immer wieder, mal mehr oder weniger kräftig daran zu ziehen oder auch nur darüber hin zu streichen. Nicht, das ich ihr weh tun wollte. Die Verlockung war einfach zu groß. Sie selbst hat sich auch nie lauthals beschwert. Nur die Lehrer hatten etwas dagegen. Es folgte für mich also eine Umsetzung an einen anderen, sehr exponierten Platz. Ich erhielt einen Platz auf der extra eingerichteten Strafbank.

Diese war seitlich ganz vorn im Klassenzimmer aufgestellt. Weil die Lehrer naturgemäß nicht nur auf ihrem Stuhl saßen, saß ich nun zumeist vor der Klasse, aber hinter dem Lehrer. Diese Maßnahme erwies sich als nicht besonders tauglich für den Ablauf der Schulstunden, denn damit ergaben sich für mich völlig neue Freiheiten, die ich auch weidlich nutzte. Deshalb saß ich bald wieder inmitten der Klasse. Leider nicht mehr hinter Gerda.

Im Prinzip, bis auf Ausnahmen, hatte ich nach Schulschluss Freizeit. Aus heutiger Sicht ein nahezu ungeheures Zeitvolumen. Da war Kreativität gefragt. Besonders mit meinem engen Freund Klaus ging ich auf „Entdeckungsreisen", wie wir das nannten. In alle Himmelsrichtungen erkundeten wir das Umfeld meiner kleinen Stadt.

Das Indianermuseum in Radebeul erradelte ich mit einem Fahrrad, dessen Räder mit Gartenschlauch bezogen waren. Knut, der Bruder eines Klassenkameraden lud mich ein, gemeinsam seine Oma in Dresden-Niederpoyritz zu besuchen. Bei dieser Tour hatten wir allerdings die Entfernung und damit unser Zeitlimit deutlich falsch eingeschätzt. Wir schafften es erst am späten Abend, schon im Dunklen, zurück nach Wilsdruff und hatten damit für ziemlich viel Aufregung gesorgt.

Kürzlich musste ich einem Angehörigen der von mir aus gesehen übernächsten Generation erklären, dass ich als Kind sehr gern und viel „gekreiselt" hätte. Wir hätten auch Wettkämpfe im „Kreiseln" durchgeführt. Ich erinnere mich an „Langstreckenwettkämpfe" oder darüber hinaus den Wettbewerb im „Weitkreiseln".

Sieger war, wer nach dem Start des Kreisels mit einem Peitschenschlag die größte Weite erzielte. Man stelle sich vor, wie eine Herde acht- bis zehnjähriger Mädchen und Jungen auf der heute vielbefahrenen Freiberger Straße meiner Kleinstadt eine Kreiselmeisterschaft abwickelte. Verwendet wurden als Kreiselpeitsche oft nur einfache fingerstarke Zweige, mit denen man auch etwas Handel treiben konnte. Es gab jedoch auch edlere Hölzer. Schöne glatte Stöckchen, die im Haushalt, in Kellern oder auf Böden gesucht und gefunden wurden und sich nun als Kreiselpeitsche zweckentfremdeten. Die Befestigung des Strickes haben wir sehr sorgfältig ausgeführt. Es sollte ja doch der Kreisel und nicht der Strick möglichst weit flattern. Strick war deshalb auch nicht gleich Strick.

Sechs Jahrzehnte später sind manche Begriffe vollkommen verschwunden. So ist das eben mit der Zeit und Zeitabläufen.

Ein ebenfalls beliebtes Spielchen hieß Eckenlunch und wurde mit einer kleinen Gruppe gespielt. Das Nachbarhaus war von unserem durch ein kleines Gässchen getrennt und im Grundriss etwa quadratisch. Ein Mitspieler wurde mit einem Auszählreim als Luncher bestimmt. Er schlich sich an eine Ecke heran und lunchte um diese. Die Mitspieler lunchten ebenfalls mit einem Auge, woher er denn käme. Wenn der Luncher jemand erkannt hatte, rief er laut dessen Namen. Der Erkannte war dann der nächste Luncher. Zumindest, wenn er zugab, erkannt worden zu sein. Dann und wann führte das zu Wortgefechten oder gar zum Abbruch der Luncherei.

Man konnte ja zu einem anderen Spiel übergehen, zum beliebten Versteckspiel. Wiederum mit Auszählreim ergab sich ein Sucher. Er stand an einem Mal, vielleicht einer Zaunsäule und hielt sich die Augen zu. Der Sucher musste bis zwanzig oder auch dreißig zählen, je nach den Möglichkeiten des Suchens nach einem Versteck. Dann rief er laut: "Ich komme." Wenn er eine Person, vielleicht Günter, entdeckt hatte, rannte er zum Mal und brüllte: „Günter angebrannt." Damit war Günter der erste Kandidat für die nächste Suchaktion. Wenn aber der Sucher ziellos durch die Gegen irrte, konnten sich die Verstecker durch schnellen Lauf zum Mal auch selbst aus dem Spiel nehmen mit dem Ruf: „Klaus erlöst."

Die eher harmlosen und ungefährlichen Kinderspiele wandelten sich im Zeitenlauf zu teil-weise recht waghalsigen Unterfangen.

Meine Freunde und ich befanden sich nun im Besitz von Fahrrädern, in mancher Hinsicht abenteuerlichen Gefährten der Vorkriegszeit, aber sie rollten, die Brennabor, Fichtel und Sachs, Torpedo und andere Typen. Die Reinheit der Typen war eher selten vorhanden.

Mit Schutzblechen und Licht konnte man schon von Luxus sprechen. Meine Lehrzeit mit einem Fahrrad hatte ich nun schon längere Zeit hinter mich gebracht. Ehe ich nämlich normal auf meinem „Herrenfahrrad" sitzen konnte, steckte ich das linke Bein unter der Querstange hindurch und balancierte das Ganze ziemlich gut aus. So konnte ich mit den größeren Jungen ganz gut mithalten.

Mit diesen Vehikeln war „Radhasch" quer durch die Kleinstadt ein populäres Vergnügen. Das Abschlagen des Gegners während der Fahrt oder durch blockieren des Rivalen war gar nicht so einfach und ging auch nicht immer ohne schmerzhafte Stürze ab.

Ein besonders beliebtes Territorium war der Steinbruch. Im Winter ebenso wie im Sommer. Im Winter konnten wir nicht anders, als möglichst Erste zu erkunden, inwieweit das Eis schon trägt. Wenn ja, galt es nach

Bäumen mit geeigneten Astgabeln auszuschauen, die schließlich zu einer Art Eishockeyschläger gesägt und geschnitzt wurden.

Als Streitobjekte für den Kampf dienten Büchsen, Steine oder eher selten, ein Tennisball. Die Erkundungen der Eisstärke endeten manchmal auch ziemlich feucht.

Im Sommer eignete sich der Steinbruch als Badegewässer, obwohl er an einer Ecke gleichzeitig die Müllkippe der halben Stadt darstellte. Dieses Terrain nutzten wir vor allem dann, wenn das Städtische Schwimmbad geschlossen war.

Ein besonderer „Wettbewerb" ist mir in besonderer Erinnerung geblieben. Die Felsen am Rand stiegen steil nach oben und bestimmte Absätze dienten als Absprungbasis. Wer springt von einer höheren Stelle ab, war der Kern des Wettbewerbes. Im Springen, im Schwimmbad gab es einen Sprungturm, war ich recht geübt. Von dem Felsvorsprung bin aber zu steil gesprungen und krachte sehr hart auf den Grund.

Viel Blut um mich herum und Erschrecken bei den Freunden. Doch irgendwie musste es weitergehen. Also auf dem Gepäckträger eines Freundes zum Arzt. Ich erinnere mich, dass während der Fahrt die Nase immer nach einer Seite wegklappte, weil sie andere ansehnlichen Schrammen reichlich vorhanden waren, besonders lädiert war. Es dauerte einige Wochen, dann konnten die Fäden der Nähte gezogen werden. Es wurde dann auch Zeit für neue Abenteuer, um die Freizeit angenehm, abwechslungsreich und interessant zu gestalten.

Großer Waschtag

K leine Wäsche mit Unterwäsche, Strümpfen, einigen Hemden und anderem Kleinzeugs wird von der Mutter nebenbei und fast täglich erledigt. Putzen, waschen, Boden oder Keller scheuern, sie hat immer zu tun. Auch wenn manches noch gar nicht reif zum Putzen ist. Sie sieht Arbeit, die nur sie sieht. Die Mutter ist sehr stolz darauf, dass sie als Mädchen im Haushalt vom Herrn Apotheker angestellt war. Dort hat sie das Arbeit-sehen wohl gelernt.

Die tägliche Putzerei belastet die übrigen Mitglieder der Familie nicht. Diese Aktionen werden kaum wahrgenommen. Wenn aber die „große Wäsche" angesagt ist, wird der Alltag erbarmungslos aus seiner Eintönigkeit gerissen. Es beginnt eine Art von Ausnahmezustand. Die Ansage zum großen Waschtag erfolgt schon einige Tage vorher. Die Familie stellt sich darauf ein.

Dann nimmt das Geschehen seinen Anfang. Schon gegen fünf Uhr morgens rumort es in der Wohnung. Das Feuer unter dem Kessel im Waschhaus muss angerichtet werden. Zwei Stunden später windet sich meine Mutter ein Tuch turbanähnlich um den Kopf, hinten schaut rechts und links die Schleife hervor. Die Schürze ist keine normale Küchenschürze. Die Spezialschürze ist besonders bunt, längsgestreift, aus gröberem Stoff und kommt nur zur großen Wäsche zu ihrem Einsatz. Mutter sieht dann für den Rest des Tages aus wie Witwe Bolte aus der Bildgeschichte von Wilhelm Busch. Sie benötigt für diese Tage zweifaches Schuhwerk, eines für das Waschhaus, das andere für die Wohnung.

An Schultagen nehmen mein Bruder und ich an der Schulspeisung teil, dann kann sie sich bis nach dem Mittag auf die Wäsche konzentrieren. Ich bin erst einmal zumindest für diese Zeit raus aus dem organisierten Chaos. Ich versuche, früh noch etwas eher aus dem Haus zu verschwinden. Nach der letzten Schulstunde sind mir sonst verschmähte oder begehrte Dienste wie Tintenfässer auffüllen, Tafeldienst Landkarten oder Anschauungsmittel wegräumen sehr willkommen. Ich lasse mir damit wesentlich mehr Zeit als sonst.

Wenn ich nach Hause komme, riecht es schon im Hausflur nach großer Wäsche, denn vom Waschhaus, im Keller gelegen, zieht der Wrasen, intensiv nach Kernseife riechend, aus dem Kessel, in dem sich vor allem

Bettwäsche der ersten Phase der Reinigungsprozedur unterzieht, durch das Haus. Mindestens eine Stunde muss die Wäsche kochen. Mit dem großen Wäschelöffel hat sie die Wäschesuppe mehrmals gehörig durchgerührt. Es ist der Stolz der Mutter, das für jedes Familienmitglied mehrere Garnituren Bettwäsche zur Verfügung stehen, selbstredend mit eingesticktem Monogramm. Zum großen Teil stammt die Wäsche aus der Aussteuer und trägt deshalb die Buchstaben F.G., ihr Mädchenname war Frieda Gnauck. Weil die Mutter, vielleicht wie schon von der Apothekerfrau verlangt, die Bettwäsche in recht kurzen Intervallen wechselte, füllten allein diese schon mindestens drei der großen Wäschekörbe, ergänzt vor allem mit den damals üblichen Nachthemden der ganzen Familie, Hand- und Wischtüchern und den Malerklamotten. Und natürlich gilt: Weißwäsche vor Buntwäsche.

Sind die achtwöchigen Schulferien angebrochen, fällt mindestens einmal auch die große Wäsche in diesen Zeitraum. Dann sind Großwaschtage für mich keine richtigen Ferientage. Ich werde, für Ferientage viel zu früh geweckt, und muss mit anfassen, um zwei oder drei Körbe mit Schmutzwäsche in den Keller zu tragen.

Die Bettwäsche muss nun noch nach links gewendet und die Ecken ausgeputzt werden. Manchmal sind auch einige Arme voll Wäsche zusätzlich erforderlich. In meiner Nase hängt dann der Dunst von etwas Schweiß, vermischt mit Farbresten aus der Malerkleidung des Vaters. Ich frage mich: Ist das notwendig? Sonst bewerkstelligt sie das doch auch allein. Am Vormittag werde ich öfter als sonst zum Einkaufen geschickt. Das erledige ich ganz gern.

An den Waschtagen kocht sie, die sonst herrliche Gerichte zaubert, meist einen Eintopf. Sie kennt die Schlachttage der Fleischer Haubold und Johne. An diesen Tagen gibt es dort die Schlachtbrühe zu erstehen, so dass die Brühe für den Eintopf nicht erst, wie sonst üblich, aus den Knochen heraus gekocht werden muss. Ein voller Krug kommt zu Hause nie an. Schon der Geruch, erst recht der Geschmack der warmen Schlachtbrühe verleitet mich zu kräftigen Schlucken. Aber dieser Schwund ist bei meiner Mutter wahrscheinlich eingeplant.

Beim nächsten Gang bin ich wieder gefragt. Die Wäsche wird Stück für Stück aus dem Kessel gefischt. Über eine Holzwanne ist die Handmangel gespannt. Ein Teil nach dem anderen, klatschnass, nur mit den Händen etwas ausgewrungen, wird der den Holzwalzen zum Fraß gegeben und hinten wieder ausgespuckt.

Ich bin bei dieser Prozedur der unentbehrliche Kurbeldreher. Anschließend wird der erste Teil der Wäsche zum am Saubach gelegenen Anger gefahren. Die Wäsche wird auf dem Wiesenstück am Bach, das bei Frau Petzold, der Verwalterin des Angers, vorher bestellt werden muss, ausgebreitet. Scheint die Sonne nicht, kann die Wäsche auch auf den nächsten Tag warten. Mit dem Breitlegen der Wäsche ist es für mich jedoch noch nicht getan. Es folgt die Bleiche. Die Wäsche muss wenigstens einmal, besser zweimal, mit aus dem Bach geschöpften Wassers aus einer Gießkanne benetzt werden. Nur so kann sie zum gehörigen Weiß zurück finden. Schön weiß gebleichte Wäsche gehört ebenfalls zum Stolz der Mutter. Ist die Wäsche getrocknet, steht Mutter an einem Ende zum Beispiel eines Bettlakens und ich am anderen. Wir zerren dann kräftig hin und her, um dem Stück vor dem Zusammenlegen wenigstens etwas Form zu geben. Der letzte Arbeitsgang an diesem Tag ist die Rückführung der Wäsche nach Hause. Diese Tortur wiederholt sich am nächsten Tag. Wenn es schlimm kommt, schließt sich noch ein dritter Tag an. Nun folgt noch ein letzter Gang, der meine Hilfe, auch in Schulzeiten, erfordert. Die Wäsche muss noch in die endgültige Form der Aufbewahrung gebracht werden. Sie würde sonst nicht wohlgeordnet in die Schränke passen, in denen sie dann bis zum nächsten Gebrauch ausruhen kann.

Ich transportiere die Wäsche, schon geschrumpft auf zwei Körbe verteilt, zur rechtzeitig bestellten Rolle, gelegen auf dem Landbergweg. Die ersten Male ist das für mich hochinteressant.

Wie sich dieses Ungetüm, ein riesiger Holzkasten, gefüllt mit großen Steinen, an einer Zahnstange hin- und her bewegt Dabei knarren und ächzen die Holzdoggen oder jammert nicht auch die Wäsche nicht ein bisschen mit.

Ich habe vor dieser Maschine riesigen Respekt. Vielleicht, um mich von dem Ding in gehöriger Entfernung zu halten, hatte mir meine Mutter erzählt, wie eine Frau vor einigen Jahren von dem Kasten einmal an die Wand gequetscht worden wäre. Später ist die Ehrfurcht, aber auch das Interesse an der Maschine verschwunden und ich gehe in den Stunden während der Rollaktion einer wirklichen Freizeitbeschäftigung nach. Aber ich bin aufgefordert, mich pünktlich für den Rücktransport wieder einzufinden. Eine eigene Uhr besitze ich damals natürlich nicht. Also gelten die Schläge der Kirchturmglocken, auf die ich zu achten muss.

Wenn ich später ein frisches Nachthemd, fein zusammengelegt im neu überzogenen Bett finde, denke ich, dass die großen Waschtage nur teilweise quälend sind.

In die Stadt

E s ist schon seltsam. Wenn zwei Menschen sagen, dass sie „in die Stadt" gehen oder fahren, scheint das Wesen dieser Bekundung zunächst gleich zu sein. Ist es aber nicht. Obwohl ich den Begriff seit der Kindheit bis heute benutze, hat er sich für mich in seiner Substanz völlig gewandelt. Freunde, die in meiner kleinen Heimatstadt geblieben sind, gehen ebenso „in die Stadt" wie ich, der schon Jahrzehnte in der hundertfach größeren Stadt lebt. Ihr Weg lässt sich bestenfalls als halber Kilometer benennen. Ich dagegen muss einige Kilometer bewältigen, ohne zudem andauernd einen Einwohner grüßen zu müssen oder von einem derselben gegrüßt zu werden.

Es ist das faszinierende an Sprache, das Worte sehr oft nicht Eindeutiges ausdrücken. Das meint Entfernungen wie auch die Zeitdauer eines Geschehens. Dass eine Straßenbahn in Bälde komme, mag noch vier, vielleicht auch mehr als zehn Minuten dauern. Ab Mitte März wartet die geplagte Winterseele auf den baldigen Frühling, der doch nun endlich und bald kommen möge. In diesem Jahr, es ist das neunte Jahr im neuen Jahrtausend, ist kalendarisch schon der Mai auf dem Weg, aber wärmender Frühling hat sich noch nicht vom Süden her über das Erzgebirge eingeschlichen. Er wird es hoffentlich noch vor dem Sommer schaffen.

Im Gerippe der Straßen und Wege meiner Heimatstadt konnten sich selbst kleine Jungen recht schnell zurechtfinden. Deshalb schickte mich meine Mutter auch bald mit für mich zum Teil eigenartigen Aufträgen in die Stadt. Ein solcher war das Einholen von Auszügen von der am Markt gelegenen Stadtsparkasse. Die Nummer des Kontos war zwar nur dreistellig, aber sie schrieb die Nummer vorsichtshalber auf einen Zettel, den ich im Falle des Vergessens vorzeigen sollte. Das Vorzeigen verbot mir mein Stolz. Um mich beim Aufsagen der Nummer nicht zu verheddern, ich stotterte in dieser Zeit ein wenig, dachte ich mir einen sicheren Weg aus. Ich nannte die Kontonummer in der Reihenfolge der Zahlen: Neun-Neun-Sieben. Später kam mir die sperrige Zahl neunhundertsiebenundneunzig leicht über die Lippen. Die Schalterdame, schon ein Uraltelement der Sparkasse, freute sich offensichtlich immer, wenn ich auftauchte. Mit einem süffisanten Lächeln übergab sie mir die Auszüge und wiederholte dabei die Kontonummer, boshafterweise besonders laut und deutlich. Zu meinem Ärger immer mit Neun-Neun-Sieben.

Großmutter Liska wohnte am westlichen Stadtrand im sogenannten Ministerviertel. Dort residierte natürlich kein Minister. Der honorige Name rührte daher, das daselbst zwei oder drei Stadträte der damals SPD-regierten Kleinstadt wohnten.

Ich ging ganz gern mit meiner Mutter zu ihr. In einem ihrer Schränke standen Bücher mit vielen bunten Bildern. Die ganze Welt war da zu sehen. Kühne Seefahrer ebenso wie unerschrockene Ritter. Aber auch die Tier- und Pflanzenwelt zeigte sich mir in ungeheurer Vielfalt. Eines Tages hielten wir auf dem Weg zur Liska vor einem Haus auf der Wielandstraße an. Das Ehepaar Krause hatte sich dort als Steuerberater etabliert. Die Krauses erschienen mir wie aus einer etwas anderen Welt. Sie überragten mich nur ein wenig an Körpergröße und blieben in dieser Kategorie weit hinter den mir bisher bekannten Menschen zurück. Zudem war Herr Krause ziemlich verwachsen. Mein großer Bruder meinte zu mir, Krause hätte einen Ast. Nach einigen Fragen begriff ich, was es damit auf sich hatte. Frau Krause steckte mir bei unserer ersten Bekanntschaft zwei oder drei Bonbons zu, was den ganzen Besuch schon anziehender machte. Einige Monate später erfüllte ich die Mission der Übergabe der Steuerunterlagen, in einem Kuvert verpackt, allein. Dazu wählte ich allerdings nicht den kürzesten Weg durch den Stadtgraben, sondern den unterhaltsameren über den Markt. Auch zu Krauses begab ich mich recht gern, erwarteten mich doch immer einige Süßigkeiten. Frau Krause, an Wuchs

ihrem Mann noch etwas unterlegen, aber ziemlich füllig, war wohl auch den Süßigkeiten sehr zugetan. Das schließe ich aus der Vielzahl der süßen Varianten. Schräg gegenüber von unserem Haus befand sich die Papierwarenhandlung Klemm. Ich ging gern einkaufen bei Herrn Klemm. Wenn ich in den Laden kam, war von Klemm zunächst nichts zu sehen. Das Glöckchen über der Tür lockte ihn aber zu mir. Viel zu verdienen gab es an mir meist nicht. Mal ein Bleistiftspitzer, mal nur ein Radiergummi oder anderer Kleinkram. Wenn ich Geld für ein paar

Briefmarken hatte, konnten es auch schon zwei oder drei Mark werden. Der Laden hatte für mich etwas Geheimnisvolles, denn Klemm tauchte oft in das Dunkel seines Ladens und brachte mir daraus das Gewünschte. In der Zwischenzeit versuchte ich immer, einen Blick in die bunten Zeitschriften zu werfen, die auf einem Tisch lagen. Das waren Fachzeitschriften aller Art, von Garten- und Hundezeitungen bis hin zu Modejournalen, bei denen ich die Schnitte als besonders geheimnisvoll empfand. Mein etwas älterer Bruder und ich hatten auch zwei Dauerbestellungen, heute sagt man Abonnements, bei Herrn Klemm. Die eine war die „ABC-Zeitung". Die andere nannte sich „Schulpost" und war eigentlich für meinen Bruder gedacht. Mein ständiges Blättern in Klemms ausgelegten Zeitschriften, verführte ihn zu einem Anschlag auf uns Brüder. Er fragte bei meiner Mutter an, ob wir ihm nicht helfen könnten bei der Verteilung diverser Zeitschriften. Wir würden dafür auch entlohnt.

Unsere Begeisterung hielt sich zunächst in Grenzen und ich war als Jüngerer sowieso eher eine Art von Mitläufer. Doch es lohnte sich. Unsere Wege gingen nicht mehr nur einfach „in die Stadt". Wir mussten das ganze Stadtgebiet in alle Himmelsrichtungen bestreichen. Neben den festen Einkünften von Herrn Klemm bekamen wir sehr oft einen kleinen Obolus von den Adressaten zugesteckt. Wir lernten auf diese Weise auch die uns bisher fremde, etwas feinere Gesellschaft, kennen, von der Frau des Zahnarztes bis hin zum Haushalt des Fuhrunternehmers und anderen Gesellschaftsträgern.

Viele Jahre später, ich war nun im Halbstarkenalter, erfuhr das „In die Stadt gehen" eine weitere Bedeutung. Der Treffpunkt mit meinen Haupt- und Nebenfreunden war die Apotheke am Marktplatz. Von hier schweifte der Blick von oben über den Platz. Im Zentrum das hässliche Russendenkmal, errichtet zu Ehren der im Mai 1945 im Umfeld von Wilsdruff gefallenen Soldaten und Offizieren der Roten Armee.

Auf den Schaufenstersimsen der Apotheke konnten wir stundenlang sitzen und reden und reden. Die Lautstärke war dann nach einer Zeit so, dass sich der Apotheker belästigt fühlte, weil sich zudem vor seiner Apotheke auch die Zigarettenstummel häuften. Der Abschnittsbevollmächtigte der Volkspolizei nahm sich der Sache ebenfalls an, hatte aber auf Dauer keinerlei Erfolg. Zumindest das sorglose Wegwerfen der Kippen haben wir eingestellt. Aber Jugend damals wie heute, braucht Treffpunkte zum Reden und Streiten. Wenn meine Mutter fragte, wohin ich den wolle, war die Antwort, dass ich noch kurz „In die Stadt" gehe.
Das Ziel war dann sehr oft unser Treffpunkt vor der Apotheke.

Klosterfrau Melissengeist im Pionierlager

Der Sommer 1962 ist gekommen. Wir haben die ersten zwei Semester an der Pädagogischen Hochschule durchlaufen. Der für alle Studenten unseres Landes obligatorische Ernteeinsatz liegt hinter uns. Wir haben, hoch auf dem Kamm des Erzgebirges, für einen guten Rübennachwuchs gesorgt. Außerdem bewältigten wir ein Industriepraktikum. Mein Studienfreund Arpad und ich im VEB Solidor. Ich habe mehr oder weniger erfolgreich kleine Druckknöpfe gestanzt und Drahtschlaufen zum Verschluss von Sektflaschen hergestellt. Immer, wenn ich eine Sektflasche öffne, denke ich an Solidor. Besonders auch an eine Betriebsversammlung, auf der wir laut Auftrag des Pädagogischen Instituts einen kulturellen Beitrag leisten sollten. Ohne einen oder gar mehrere derartiger Aufenthalte in Industrie und Landwirtschaft war man in meinem Land offensichtlich weder als Ingenieur und gleich gar nicht als Lehrer zu gebrauchen. Arpad spielt auf seiner Geige als kulturelle Umrahmung der Betriebsversammlung eine Sonate von Boccerini. Da konnte ich nicht ganz mithalten. Aber das Gedicht „An meine Mutter", das ich mir schon als Prüfungsaufgabe im Fach Sprecherziehung bei Frau Riechert ausgewählt hatte, fand auch freundlichen Beifall.

Nun stand noch ein besonderer Abschnitt des Studiums bevor. Ein zweiwöchiger Aufenthalt im Pionierlager in Papstdorf, Pioniervorbereitungslager genannt. Schließlich sollten wir später vielleicht auch einmal

„Wache" vor dem Pionierlager

einen Pioniernachmittag gestalten oder ein Geländespiel vorbereiten. Das angekündigte Programm ließ eine Menge Abwechslung erwarten und dann ging es los. Der Fußmarsch vom Bahnhof Königstein, von Krippen aus wäre der Weg vielleicht zwei Drittel kürzer gewesen, noch dazu bei sengender Hitze, sollte wohl schon eine kleine Bewährungsprobe sein. Am

Abend des ersten Tages stieg ich mit einigen Kommilitonen trotzdem hinab in das Krippenbachtal, zur Gaststätte Rölligmühle. Der Aufenthalt dauerte sehr viel länger als gedacht.

Weil der Zugang zum Pionierlager aber bewacht war und wir kontrolliert wurden, von Studenten mit einem Luftgewehr über der Schulter, war der erste kleine Skandal eingetreten. Noch verstärkt dadurch, da wir uns mit den Kontrolleuren körperlich etwas angelegt hatten. Am nächsten Morgen zum Appell,

nach dem Frühsport, wurde die Angelegenheit öffentlich ausgewertet.

Irgendwie kam uns zu Ohren, dass der Lagerfunk mit zwei kundigen Personen besetzt werden muss. Arpad meinte, dass dies doch etwas für uns zwei sein könnte und wir damit vor allem dem blöden Frühsport aus dem Weg gingen. Vielleicht würden sich dadurch noch weitere Freiheiten ergeben. Meine Frage, ob er denn Ahnung von solch einem Lagerfunk hätte, womöglich außer Musik senden und banalen Durchsagen auch Interviews vorbereiten zu müssen. Meine Bedenken wischte Arpad, sowieso eine Art von Lebenskünstler, mit einer Handbewegung hinweg. Das hieß: Lass uns doch erst einmal anfangen. Und so nahmen die Dinge mit dem Lagerfunk ihren Lauf.

Wir meldeten uns beim Lagerleiter. Auf seine Frage, ob wir Erfahrung in Sachen Lagerfunk hätten, sah ihn Arpad selbstbewusst an und meinte, sonst hätten wir uns ja nicht gemeldet. Er gab uns den Schlüssel zum „Studio" und wir stiegen hinauf in das kleine Zimmer unter dem Dach. Außer einem Bandgerät, einem älteren Radio, einem irgendwie militärisch anmutenden Blechkasten mit angeschlossenem Mikrofon war keine weitere Technik zu sehen. Zwei Liegen ergänzten das Mobiliar. Vielleicht konnten wir uns sogar dort oben einnisten und damit die Nächte in den Blockhütten vermeiden.

Dass wir etwas früher aufstehen mussten, hat uns nicht gestört. Eher schon, weil wir ja den Speisesaal beschallen mussten, dass

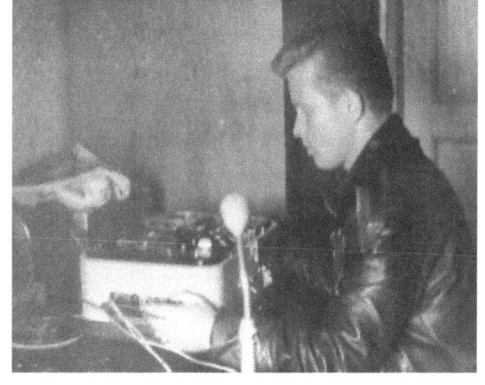

Auf Sendung

83

wir somit erst später frühstücken konnten. Arpad schlug an einem der nächsten Tage vor, nach der morgendlichen Begrüßung der Lagerinsassen und dem folgenden Frühsport, also vor Appell und Fahnenhissung, einen Sender mit Musik einzustellen und dann gemütlich, noch vor den anderen zum Frühstück zu gehen. Weil mit dem Radio nicht viel los war, stellten wir auf der Kurzwelle der Blechkiste einen Sender mit flotter Musik ein und begaben uns zum Frühstück.

Nach etwa einer Viertelstunde kamen zwei Männer der pädagogischen Leitung aufgeregt zu uns. Der Skandal war, das wir auf der Kurzwelle einen Westsender eingestellt hatten, der nun schon seit dieser Viertelstunde zwar hübsche Musik sendete, aber zwischendurch auch Reklame, unter anderem für Klosterfrau Melissengeist, über die Frühsport treibenden schickte. Nur im großen Speiseraum waren die Lautsprecher nicht eingeschaltet, so dass wir das nicht hören konnten. Zunächst glaubten die Verantwortlichen, dass wir hätten provozieren wollen. Deshalb mussten wir zu einer Art Rapport antreten, viele Fragen beantworten und uns geduldig anhören, was sich als angehender sozialistischer Pädagoge gehört und was nicht. Am Ende haben wir die Versicherung abgegeben, künftig besser aufzupassen.

Das war es aber noch nicht mit dem Lagerfunk. Schon seit Wochen blödelten Arpad und ich bei jeder Gelegenheit vor uns hin und ahmten Geschichten von Karl Valentin nach, die wir im Kino gesehen hatten. Insbesondere die vom Buchbinder Wanninger hatte es uns angetan. Wir konnten inzwischen den Wanninger komplett wiedergeben und haben den Text im Studio nur so für uns auf Band aufgenommen. Dann ritt uns der Teufel und auf Wunsch von irgendjemand aus der Seminargruppe haben wir den Buchbinder auch ausgestrahlt. Wir waren ganz stolz, weil uns Studenten anderer Seminargruppen fragten, woher wir die Aufnahme hätten, so täuschend ähnlich war uns der verzweifelte Buchbinder Wanninger gelungen. Eigentlich wollten wir damit nur unseren Spaß haben, aber der bayerische Dialekt passte selbstverständlich auch wieder nicht in den sozialistischen Lagerfunk. Infolgedessen wieder antreten zur Rechtfertigung. Am Ende des Gespräches folgte unsere Entfernung aus dem Funkstudio.

Zum Lagerabschluss sollte jede Seminargruppe irgendetwas Kulturelles aufbieten. Vorgesehen hatten Arpad und ich eine andere Geschichte von Karl Valentin zum Besten geben wollen, denn auch den verbrannten Hasenbraten hatten wir gut drauf. Das war nun ausgeschlossen. Ich entschloss mich, einen unserer Dozenten zu imitieren. Der Psychologe Förster schien mir sehr geeignet, wie er immer mit seinem Lieblingswerk vor der Brust umherlief und darauf tippte, um sich anschließend in den Kragen zu fassen. Das schien immer so, als wolle er an seine eigenen Darstellungen ersticken. Die Darbietung gelang einigermaßen und alle im großen Saal wussten, wen ich darstellen wollte. Mein Missgeschick war, dass der Herr Förster im hinteren Teil des Saales anwesend war. Meine spätere Prüfung in Psychologie bei Herrn Förster war eine ziemliche Tortur. Hatte er mich noch in Erinnerung oder war es vielleicht auch nur meine mangelnde Vorbereitung auf die Prüfung? Das Ergebnis war jedenfalls keinesfalls berauschend. In meinem späteren Leben hat die Prüfungsnote keine Rolle gespielt. Da war die Praxis der Psychologie sowieso anders als die Förstersche Theorie.

Frau Münthal und Herr X

Ich bin irgendwo im zweiten oder gar schon im dritten Semester angelangt. Das Bergbaustudium an der Bergingenieurschule fließt dahin, hin und wieder unterbrochen von ein-oder zweiwöchigen Einsätzen in den Steinkohlengruben am Rande von Zwickau oder im Oelsnitzer Revier. Die Einsätze dienen der Planerfüllung im Fünfjahrplan und werden zum Teil sogar als Leistung im „Nationalen Aufbauwerk der Stadt Zwickau" abgerechnet.

Eine Urkunde spricht mir für mehrere Hundert Aufbaustunden Dank und Anerkennung aus. Ziemlich sonderbar, denn im Tageslicht Zwickaus leiste ich nur wenige Stunden. Ja, wenn die abendlichen und nächtlichen Stunden in Bars und Kneipen angerechnet würden, stünde vielleicht sogar eine Ehrenbürgerschaft in Aussicht. Die Aufbaustunden hingegen haben sich fast alle in der eher finsteren Tiefe unter der Stadt Zwickau angesammelt. Für diese untertägigen Einsätze gibt es obendrein etwas Geld und so verfahre ich an manchen Wochenenden sogar drei Schichten, um pekuniär flüssiger zu sein.

Es ist ein Morgen nach einem etwas längeren Besuch in Zwickaus Gastronomie, weil meine Geldbörse nach einem arbeitsreichen Wochenende gerade wieder einmal besser gefüllt ist. Die erste Unterrichtsstunde ist Russisch. Lehrerin ist Frau Münthal. Sie ist, wohl in den zwanziger Jahren, aus einem der estnischen Länder nach Deutschland gekommen und spricht ein etwas gebrochenes Deutsch.

Den Unterricht bei ihr habe ich recht gern, weil sie auch immer wieder einmal etwas über ihr Leben erzählt. Frau Münthal ist nicht sehr groß, aber sehr, sehr breit gebaut. Sie kommt regelmäßig einige Minuten zu spät in das Klassenzimmer, weil sich ihr Lehrerzimmer im Erdgeschoss am anderen Gebäudeende befindet, unser Klassenraum jedoch in der zweiten Etage liegt. So kommt sie immer ziemlich atemlos und schnaufend bei uns an und setzt sich sofort erst einmal auf ihren Stuhl. Wir hätten gern einmal ausmessen wollen, wie weit ihr Unterteil nach rechts und links vom Stuhl herabhängt. Aber so bleibt es bei unterschiedlichen Schätzungen. Ich denke, dass Frau Münthal in jungen Jahren recht hübsch gewesen sein muss. Ihr Gesicht ist gleichmäßig geschnitten und ihre flinken Augen sind von dunklen Augenbrauen eingerahmt. Einige typische, russisch anmutende Eigenheiten hat sie mit nach Deutschland gebracht. So trägt sie ihr dunkles Haar, hier und da schon angegraut, zu einem Knoten gebunden. Der Knoten wird mit einem kleinen bunten Tüchlein zusammengehalten. Um die Schultern windet sich ein großes, sehr buntes geblümtes Dreiecktuch. Der dunkle Rock reicht bis zu den Knöcheln und ist in einige Falten gelegt, was Frau Münthal trotzdem nicht schlanker erscheinen lässt. Sie könnte man sich auch als eine liebevolle märchenerzählende Babuschka vorstellen. Für die allseits bekannten Matroschkapuppen hätte sie ebenfalls Model stehen können.

Den Unterricht beginnt Frau Münthal regelmäßig mit der Wiederholung von Vokabeln. Ein Student nennt ein deutsches Wort und ein anderer muss es auf Russisch sagen. Das ist eine gute Methode, dann kann sie noch einige Minuten ausschnaufen. Ich mache mir heute darüber keine Gedanken. Ich war erst zum letzten Unterricht einer der Beteiligten und habe die neuen Vokabeln nicht ein einziges Mal angesehen. Und so nehmen die Dinge ihren Lauf.

Frau Münthal ist mit mir, der im Fach auf einer Zwei steht, überhaupt nicht zufrieden. Mein Nachbar schiebt mir seine Vokabelliste zu, aber seine kleine Schrift hilft mir auch nicht weiter. Frau Münthal bricht die Übung ab und entscheidet, dass meine Leistung rein gar nichts sei. In ihrem gebrochenen Deutsch und mit stark akzentuierten, rollenden „R" sagt sie:"Herrr Neuberrrt, dafürr muss ich Ihnen heute einen Finferrr in das Buch stellen." Das ist mir an diesem Morgen, nach dem langen Studentenabend, völlig egal und ich antworte, das „R" ebenfalls stark rollend:"Frrrau Münthal, von mirrr aus kennen sie den Finferrr auch in das Buch legen."

Zunächst schaut sie mich irgendwie ungläubig an und sagt nichts. Nach einigen Sekunden beginnt sie nach Luft zu schnappen, um zwischen den Schnappern einige Male herauszustoßen:" Eine Unverrrschämtheit, so eine Unverrrschämtheit. So etwas ist mirrr noch nicht unterrrgekommen."

Dann fasst sie sich mit der Hand in die Herzgegend und stöhnt:"Oh, mein Herrrz, mein Herrrz." Nun ist mir auch ein bisschen bange. Ich gehe zu ihr und entschuldige mich, dass sei mir eben so herausgerutscht. Das trägt offensichtlich sehr zu ihrer Beruhigung bei. Sie ist aber trotzdem noch beachtlich mitgenommen, erteilt uns für den Rest der Stunden Aufgaben und entschwindet schnaufend in ihr Lehrerzimmer. Die übertragenen Aufgaben erledigt in dieser Stunde keiner meiner Mitstudenten.

Wir haben doch ein schönes Thema zu besprechen, nämlich unsere Lehrer mit ihren Eigenheiten und landen schließlich beim sonderbaren Gehabe unseres Deutschlehrers, des Herrn X.

Noch am gleichen Tag muss ich mich selbstverständlich bei unserem Klassenleiter, Herrn Neumann verantworten. Einige Tage später treffe ich Frau Münthal vor der Ingenieurschule und grüße besonders höflich. Sie winkt mich zu sich heran, lächelt und legt ihre Hand auf meinen Arm und sagt:"Herrr Neuberrrt, ich habe den Vorrrfall schon verrrgessen. Wirrr warrren doch alle einmal jung." Weil mir Frau Münthal eigentlich von Studienbeginn an mit ihrer Erscheinung und ihrem Wesen sympathisch ist, fühle ich mich irgendwie erleichtert.

Mein Deutschlehrer, Herr X prägt sich ebenfalls in mein Gedächtnis ein. Jedoch nicht durch eine einzige Begebenheit, sondern durch eine in fast jeder Stunde oder doch sehr häufig auftretende Absonderlichkeit. Figürlich ist er der Gegensatz zu Frau Münthal.

Lang aufgeschossen, bis auf den Ansatz eines Altersbäuchleins, kann man ihn schon fast dürr nennen. Auch seine Gesichtszüge wirken asketisch. Ein Lächeln sieht man bei ihm höchst selten. Am ehesten dann, wenn er im Teilfach Literatur aus irgendeiner Gedankenverbindung heraus auf seinen Liebling Johann Wolfgang von Goethe trifft. Dann scheint er lockerer und nicht der Paukertyp, den er normalerweise verkörpert. Mit seinem staksigen Gang erinnert er auch an den Chemielehrer Prof. Crey aus dem Film „Die Feuerzangenbowle". Sein dunkler Anzug, dessen Jackett er auch an warmen Sommertagen immer geschlossen trägt, hat seine besten Zeiten hinter sich und spannt sich über das Bäuchlein. Man ist versucht, eine Wette abzuschließen, ob der Knopf des Jacketts nicht doch bald einmal abplatzen wird.

Herr X beschreibt liebend gern die Wandtafel in ihrer ganzen Länge und Höhe. Deshalb befindet sich die weiße Wandtafelkreide auch nahezu unablässig in seiner rechten Hand. Nur wenn er die rechte Hand für ein Stück rote Kreide, für Unterstreichungen oder Wortendungen benötigt, wandert die weiße Kreide in die linke Hand. Auch wenn er irgendetwas in seine Unterlagen sucht, gibt er die Kreide selten frei. Er stützt sich dann mit seinem Ellenbogen auf die jeweilige Seite der Unterlage oder des Buches und blättert mit der freien Hand.

Nach einer gewissen Zeit kommt der Augenblick, auf den wir warten. Heute auch oder heute nicht, das ist die Frage. Er steht vor uns, spricht selbst oder hört einem Studenten zu, immer die weiße Kreide in der rechten Hand. Und dann heute doch wieder.

Plötzlich, als erhalte er einen Befehl aus einem Inneren, dreht er sich um und die Kreide macht sich auf den Weg in die linke Hand. Das ist das Zeichen für uns und wir nicken uns kenntnisreich zu. Wir wissen, was nun passiert. Herr X fasst sich mit der rechten Hand in den Schritt und rückt sich mit einer Bewegung des ganzen Körpers zurecht. Ist ihm seine Anzughose auch ein wenig zu eng geworden oder trägt er die Unterwäsche eine oder zwei Nummern zu klein? Wenn er sich uns wieder zudreht, sind die Folgen des Zurechtrückens jedenfalls unübersehbar. Die Kreidefinger haben ihre Spur hinterlassen.

Nachdem die Geschichte mit Frau Münthal einige Zeit vergangen ist, fragt mich Hans Netuschil, selbst auch ein etwas lockerer Studententyp, ob ich, wenn ich an die Tafel gerufen werde, nicht auch einmal Herrn X kopieren könne. Das ist mir aber dann doch zu heikel und Hans selbst traut sich auch nicht.

Auf geheimnisvolle Weise spricht es sich herum, dass Herr X zu seinem Geburtstag, vermutlich von einem Studenten der Nachbarklasse, ein Päckchen mit einer Kleiderbürste erhalten hat. Trotzdem, oder gerade deshalb, bleibt uns der Auftritt des Herrn X hin und wieder erhalten.

Meine Gärten

M eine Eltern erwarben erst Anfang der 50er Jahre einen kleinen
Garten an der Wilden Sau, einem kleinen, oft aber nicht ungefähr-
lichen Bächlein. Die ziemlich verwahrloste Immobilie musste nun erst
einmal ansehnlich gestaltet werden. Ein kleiner Hühnerstall kam zur
Aufwertung des Anwesens noch hinzu. Meine Begeisterung über das
neue Familieneigentum war arg begrenzt. Die Konflikte waren vom ers-
ten Tag an vorgezeichnet. Meine Wissbegierde richtete sich nicht auf das
Wachstum von Gemüse, Blumen und Obstbäumen. Der Versuch, die
Hühner wenigstens zu einem Kunststück zu führen, scheiterte kläglich.
Sie waren einfach zu dumm für meine Eingebung, sie nach meinem
Wunsch über eine Stange laufen oder springen zu lassen. Der Hahn, wel-
cher in seiner Eigenart eher einem Kampfhund ähnelte, vermieste meine
Bemühungen zusätzlich. Vielleicht war er in seinem vorherigen Leben ja
eine Kampfhund oder gar ein Tiger gewesen. Die mir zugeschobenen Tätigkeiten m Garten erledigte ich nur murrend und wohl auch nicht gerade
in der erwarteten Brauchbarkeit. Die Aufträge nahmen deshalb mehr und
mehr ab. Lediglich die Fütterung der Hühner und die Ernte der Eier blieben noch vorhanden.

Um vieles mehr als der umständliche und zeitraubende Eigenanbau
lockten mich und meine Freunde die verbotenen Früchte in den Gärten
inmitten meiner kleinen Stadt oder am Stadtrand. Außerdem war die Vielfalt unvergleichlich größer. Des Vaters Garten konnte die Vielfalt an Bee-
ren- und Baumobst sowie Gemüsearten nicht anbieten, die uns in den
fremden Gärten reizten. Besonders der Geschmack der Erdbeeren von
damals, ich mochte besonders die Sorte „Mieze Schindler", war unvergleichlich mit den zeitgenössischen Angeboten. Die Standorte von Pfir-
sichbäumen suchten wir öfter auf, um den Reifefortschritt zu erkennen.
Wir mussten doch einen kleinen Teil der Früchte für uns als Mundraub
pflücken, bevor der Besitzer das ihm Zustehende ernten konnte. Bäume
vollständig zu entleeren, verbot sich jedoch.

Der Garten von Herrn Herbst im sogenannten Erlicht ist mir in besonderer Erinnerung. Es war die schon etwas kühlere Jahreszeit. Die Bäume
hatten ihr Herbstkleid bereits angelegt. Die Gartenerträge waren in die
Mägen der Menschen oder in die Einweckgläser gewandert.

Es herrschte Gartenruhe. Doch nicht für uns. Weil mich mein etwas älterer Bruder zwar selten, aber auf Geheiß der Mutter doch hin und wieder in seiner Rotte mitnehmen musste, kam ich in den Genuss eines recht gefährlichen Experimentes. Mein Bruder und sein Freund Hans wollten Versuche mit Schwarzpulver durchführen und zwar in der, wie sie wussten, nicht verschlossenen Gartenlaube des Herrn Herbst. Die dafür erforderliche Holzkohle war kein Problem. Wir kauften Stifte aus Holzkohle, eigentlich zum Zeichnen bestimmt. Die nötigen Portionen Salpeter und Schwefel zu beschaffen, stellte sich schon schwieriger dar. Nach diesen zwei Pülverchen in verschiedenen Drogerien gefragt. Mit dem Hinweis, dass diese Komponenten in der Schule gebraucht würden, gelang es. Den Salpeter gab man Hans daraufhin sogar umsonst mit. Das Geheimnis der Mischung war den beiden Älteren wahrscheinlich aus der Schule bekannt. Auf unserem Boden befand sich eine Luftschutzspritze aus den Kriegsjahren, die im Ernstfall aus einem Eimer gespeist worden wäre. Das Strahlrohr bestopften wir mit einer Portion des selbst gemixten Schwarzpulvers.

Am unteren Ende wurde ein Korken eingedrückt, in dessen Mitte ein mit Benzin getränkter Schnürsenkel durchgebohrt war. An der Spitze des Strahlrohres erwarteten die Jungexperimenteure eine Zeit nach dem Zünden des Schnürsenkels einen Feuerstrahl, der durch das offene Fenster den Weg ins Freie finden sollte.

Hans und mein Bruder hantierten wie ein kundiger Physiklehrer, der sich des Erfolgs seiner Vorbereitungen absolut sicher ist. Aber auch ein Physiklehrer staunt so manches Mal über den sogenannten Vorführeffekt. Das traf auch auf den Versuch mit der Luftschutzspritze zu. Den Feuerstrahl gab es schon, aber nicht in der erwarteten Richtung. Die Schwachstelle der ganzen Anordnung war der Korken, den es im wahrsten Sinne des Wortes nach hinten hinausfeuerte. Der Feuerstrahl traf auf eine Gardine, die sofort Feuer fing. Vielleicht hat die Luftfeuchte des Herbstes größere Flammen verhindert. Nach einigen Schrecksekunden und dem Ende des Staunens gelang es jedenfalls, die Gardine herabzureißen und ein Ausbreiten zu verhindern. Der Qualm und Gestank war schon beträchtlich. Die Gardine haben wir im nahen Teich versenkt. Im Städtchen wurde dann erzählt, jemand hätte die Herbst'sche Laube niederbrennen wollen. Es sei aber nicht gelungen.

Der Garten meines Freundes Karli, dem Sohn des Bäckermeisters, spielte für viele Jahre meines Aufwachsens eine ganz andere, jedoch sehr dominante Rolle. Das betrifft die Zeit der ersten Schuljahre ebenso wie die der flegelhaften Jugendjahre.

In dem recht großen Anwesen hatten wir alle Freiheiten, die man sich nur denken kann. Bäckermeister Herbert zeigte Verständnis für Alles, was unseren phantasiegeladenen Köpfen entsprang. Die Attraktionen in unserer Kleinstadt waren zu dieser Zeit vor allem die Jahrmärkte, in der Großstadt eher abfällig „Rummel" genannt. Die Luftschaukel, das Kettenkarussell, die Schießbude und Losbuden warteten auf ihre Kunden. Ein- oder zweimal im Jahr gastierte ein Zirkus. Zirkus Kaiser, der erste nach dem Krieg, tauchte nur einmal auf. Danach waren die Gastspiele des Zirkus Milano ebenfalls Höhepunkte des Jahres.

Im Garten des Bäckers bauten wir nun zu unserem Zeitvertreib unseren eigenen Jahrmarkt auf. Es gab fast alle Vergnügungseinrichtungen in Miniaturausgabe wie auf dem großen Jahrmarkt auch. Der Zirkusdirektor war Roland. Er wohnte in Freiberg, war in Sommermonaten aber immer bei seiner Großmutter zu Gast. Die Position des Zirkusdirektors bekam er vor allem deshalb, weil er ein kleines mechanisches Grammophon besaß. Rolands Hauptfunktion bestand nur in der Bedienung des Grammophons, an dieses Instrument ließ er uns kaum heran. In Erinnerung ist mir besonders das Orchesterstück „Der kreuzfidele Kupferschmied". Das „ping-ping-ping" klingt mir noch in Ohren. Ich selbst bediente eine Losbude. Immerhin gab es halbe Semmeln. Kuchenränder und anderes aus der Bäckerei zu gewinnen.

Mein älterer Bruder hatte eine glänzende Idee. Die Hinterachse eines Handwagens stellte er senkrecht auf. Das untere Rad beschwerte er zur Stabilität mit Ziegelsteinen. Beide Räder verkleidete er mit bunten selbstgemalten Bilderchen. Stricke mit kleinen Sitzen vom oberen Rad herabhängend gaben dem Ganzen die Illusion eines Kettenkarussells. Mit diesem Jahrmarkt haben wir, mit Unterbrechungen, viele Tage verbracht.

Im sogenannten Hinterhaus des Gartens auch manche Nacht. Bäckermeister Herbert war immer darauf bedacht, unsere Kindheitstage mit auszugestalten.

Das Dachgeschoss des Hinterhauses konnten wir mit Stroh zu unserer Schlafstatt bereiten.

Meine Mutter stellte abends eine große Schüssel Kartoffelsalat zur Verfügung. Die Zigaretten der Sorten Arosa, die Karli seinem Vater geklaut hatte, bekamen uns dagegen nicht ganz so gut.

Über die Gefährlichkeit der Rauchversuche, im Stroh sitzend, haben wir uns keine Gedanken gemacht.

In unsere Gartentruppe hatten sich auch einige Jungen gefunden, die ihre Heimat verloren hatten. Ich meinen Ohren habe ich noch die Schilderung eines dieser etwas älteren Bengels über den Tomatenanbau in seinem schlesischen Garten. Er tat so, als wäre es eigentlich eine Art von Familiengeheimnis, aber uns würde er es schon erzählen. Das Loch in Erde hätten sie mehrfach abwechselnd mit Kuhscheiße und Menschenscheiße gefüllt und danach Tomaten geerntet, wie wir sie noch nie gesehen hätten. Nun ja, die Erlebnisse von Münchhausen hat auch niemand überprüft.

In einem anderen Garten, dem des Klempnermeisters Mathes, war es einmal sehr gefährlich. Es mag im Sommer 1946 gewesen sein, als ältere Jungen in der Struth, einem unweit gelegenen Waldstück, eine Blechkiste mit Patronengurten gefunden hatten. Die Jungen schlugen die Patronen mit einem Stein auf und füllten das Pulver in eine größere, aufrecht gestellte Granathülse. Ich habe diesem ganzen Vorgang nur staunend aus einer mir vorgeschriebenen Entfernung zugesehen. Wie die Zündung schließlich erfolgte, habe ich deshalb nicht genau sehen können. In sehr guter Erinnerung ist mir gleichwohl die riesige Stichflamme, die in den sommerlichen Himmel stieg und die Ausdünstungen der Munition. Ganz egal war das Resultat den Zündlern wohl auch nicht.

Sommerfest in des Bäckers Garten

Was dabei hätte passieren können, darüber hat keiner nachgedacht.

Eine andere Art von Gärten war die Antwort der städtischen Behörden auf die allgemeine Versorgungslage. Die recht großen Rasenflächen rechts und links vor meiner Schule bekamen es mit den Spaten unserer Lehrer zu tun. Jeden möglichen Quadratmeter nutzten sie, um ihren Eigenbedarf an Gemüse zu ergänzen. Nur wenige Blumen konnten wir Schüler auf den kleinen Parzellen entdecken.

Diese seltsame Art von Gärtnerei dauerte indessen nur wenige Jahre und war in dieser Zeit für etwaige Fremdernten aus Achtung vor den Lehrern unantastbar.

Des Bäckers Garten erfuhr einige Jahre eine weitere Nutzung. Unsere Bagage war inzwischen ins Jugendalter hinein gewachsen. Es waren schöne Sommertage. Weil es uns an Kreativität, wie man neudeutsch sagt, keineswegs mangelte, keimte die Idee eines Sommerfestes. Ein, zwei oder drei Kästen Bier spielten natürlich eine wichtige Rolle. Für die Zeit zwischen den Bullchen gab es keine Trübsal.

Kugelstoßen mit einem größeren Stein, Weitsprung, Sackhüpfen und andere Übungen wie Rolle vorwärts mit Punktwertung ließen uns den Nachmittag nie langweilig werden.

Zur Ergänzung der Schelmerei haben wir sogar zu unserem Spaß eine Fahne aufgezogen. Mein Freund Karli, der Sohn des Bäckers, wusste diese auf dem Boden der Bäckerei versteckt. Es war ein Symbol einer damals vergangenen Zeit, diese Innungsfahne der Bäcker, und damit natürlich völlig unzeitgemäß.

Irgendjemand war unser Gartenfest einschließlich Fahne aufgefallen. Deshalb stand der ABV einige Tage später vor der Tür einiger Jungen und betrieb auf seine Art Aufklärung über die neue Zeit. Im Allgemeinen hatte er jedoch, auch in anderen Situationen, viel Verständnis für uns Heranwachsende.

Volksküche und Wärmestube

M eine kleine Stadt hatte unter dem Krieg wenig zu leiden. Nur einige Häuser waren etwas beschädigt. Lediglich das neue Stadthaus, ein imposantes Gebäude, in dem die Post untergebracht war, war total ausgebrannt. Wie man sagte, sei es falsch berechneter Granatbeschuss aus der Struth, einem nahen Wäldchen, gewesen, der sie zur Ruine machte. Dieses Bruchstück des Krieges, beachtlich schnell wiederaufgebaut als Postgebäude, war auf dem Heimweg von der Schule immer in meinem Blickfeld.

Während des zweiten Schuljahres sind mir die sieben großen Buchstaben besonders in Erinnerung, die der Welt anzeigen sollten: In diesem Haus befindet sich eine der wichtigsten Einrichtungen der Stadt, die Post. Da stand POSTAMT. Die Funktion der Baulichkeit kannte ich sehr wohl, aber mit den sieben Buchstaben kam ich nicht zurecht. Ich legte beim Lesen die Betonung nicht auf die ersten vier Buchstaben, sondern auf die letzten vier. Also: POS-TAMT. Ich las es fast täglich und konnte mit diesem komischen Wort rein gar nichts anfangen. Erst später dachte ich: Wie dumm kann man doch sein.

Am nächsten, ebenfalls attraktiven Gebäude, genannt „Bismarck", wegen eines früheren Cafés, konnte ich mit der Aufschrift am Schaufenster von Hildebrandts Laden mehr anfangen Da stand mit weißer Farbe in großen Buchstaben halbrund auf dem Schaufenster das, was sie dann innen, wenn auch nicht immer, zum Verkauf hatten.

Butter Eier Quark
Milch Käse

Auch heute noch veranstalte ich gern ein Gedankenspielchen mit falscher Betonung. Dann denke ich, wie schwer es doch Menschen haben, in fremden Ländern zurechtkommen zu müssen. Vor allem, wenn sie eine Frage haben und dabei Worte falsch betonen. Der Gefragte kann oft nur unwissend mit den Schultern zucken.

Die Organisation der neuen Zeit gebar neben den alten auf neu umgepolten Ämtern, Behörden und Dienststellen, nichtsdestoweniger auch sonderbare, jedoch sehr notwendige, bisher nicht gekannte Einrichtungen. Diese waren jedoch, jedenfalls aus der Sicht der betroffenen Menschen, viel notwendiger als manch sich wichtigmachende Amt.

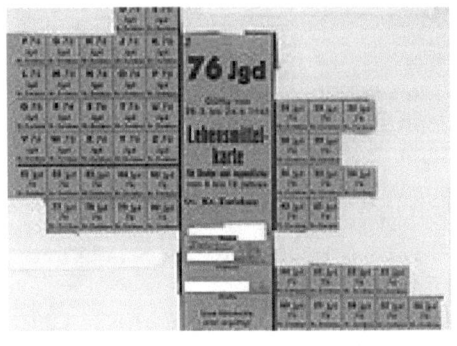

Nach dem Krieg war die Ernährungslage katastrophal. Bereits ab Mai 1945 gab es neue Lebensmittelkarten, Kategorie 1 bis 5 nach der Schwere der Arbeit, meist von ehrenamtlichen Helfern recht pünktlich verteilt. Den Umgang mit diesem Instrument der Rationierung kannte man sowieso aus den Kriegsjahren. Die Produkte, neben Lebensmitteln auch Tabakwaren, gab es jedoch häufig nicht zum erforderlichen Zeitpunkt zu kaufen. Auf amtlichen Aushängen konnten die Bürger aber lesen, was denn so in der folgenden Woche zu haben sei.

Großstädter fuhren auf das Land, um zu hamstern, wie das hieß. Andere handelten, sofern sie gefragte Tauschobjekte besaßen, auf dem Schwarzen Markt in Dresden oder bezahlten daselbst schwindelerregende Preise. Wieder andere griffen zu Ersatzstoffen wie Eicheln, Kastanien und Bucheckern. Auch Brennnesseln, Löwenzahn und andere Gewächse, normalerweise als Unkraut gescholten, ließen sich irgendwie verarbeiten.

In vielen Städten der Besatzungszonen, so auch in Wilsdruff, wurden darum die Volksküchen wiederbelebt. Diese Idee stammt aus dem 19. Jahrhundert, wurde in der Zeit nach dem 1. Weltkrieg wiederbelebt und feierte nach dem 2. Weltkrieg fröhliche Auferstehung, denn nicht alle konnten zum Schwarzen Markt schleichen oder weite Entfernungen zum Hamstern bewältigen. Die Köchinnen der Volksküche sollten ein wahres Hexenwerk vollbringen. Einerseits erwarteten einige Hundert Empfangsberechtigte irgendetwas, das ihre Mägen einigermaßen füllen könnte, andererseits erhoffte man sich natürlich ebenso, dass die Geschmacksrichtung der Speise mit dem Namen derselben wenigstens verwandt sein würde. Weil ich öfter als Transporteur der zumeist Eintöpfe verwendet wurde, ist der Geruch von Rüben- und anderen Suppenkreationen aus meinem Gedächtnis noch immer leicht abzurufen.

Eine ebenfalls eingeführte Art der Verpflegung durfte ich 1948 genießen. Ich gehörte zur Sorte den kleinsten und schmächtigsten Bürschlein meiner Altersgruppe. Dieser Gruppe wurden Bauern der Stadt zugeordnet, zu denen die Auserwählten gingen, um an deren Mittagstisch teilzuhaben. Diese Stunden auf dem unweit gelegenen Bauernhof Zimmermann sind mir in sehr guter Erinnerung. Vielleicht wurde ich auch deshalb besonders umsorgt, weil der Jungbauer ein Schulfreund meines ältesten Bruders war.

Es fehlte nach der Stunde null an fast allem, nur nicht an kalten Wintern. Unser Familienleben fand eigentlich nur in der Küche statt. Lediglich an Sonntagen fand der Kachelofen im Wohnzimmer zu seiner ihm bestimmten Aufgabe. Er wurde jedoch so sparsam beheizt, dass er nach dem Mittagessen den aussichtslosen Kampf um gemütliche Temperaturen rasch verlor. An einigen Stellen der Stadt richtete man bereits im Winter 1945/46 Wärmestuben ein. Das war recht sinnvoll, denn in den Wärmestuben fand ein Großteil des gesellschaftlichen Lebens statt. Auf Einladungen zu diesen Zusammenkünften stand oft als letzte Zeile zu lesen: Bitte ein Brikett mitbringen.

Der Winter 1946/47 zeichnete sich durch besonders anhaltende Kälte aus. Das Schulgebäude mit seinen großen Klassenräumen konnte nicht mehr genügend beheizt werden. Einige Tage ging ich nur in meine Klasse, um Schulaufgaben abzuholen. Da saßen wir, in unsere Mäntel gepackt, aber auch das ging bald nicht mehr und so keimte eine weitere Idee bei den Zuständigen. Weil die Gaststätten trotz der Notzeiten recht gut besucht wurden, herrschten in deren Räumen, auch den Vereinszimmern, schon um die Mittagszeit nicht unbedingt wohlige, aber doch annehmbare Temperaturen, die zumindest zwei oder drei Stunden Unterricht ermöglichten.

Besonders gern hatte ich den Unterricht im recht dunklen,

Gasthof zur guten Quelle

aber gemütlichen Vereinszimmer des gutbürgerlichen Gasthauses „Zur guten Quelle". Dessen Wände waren übersät mit schönen Gemälden, zahlreichen Geweihen und anderen Utensilien des früheren Schützenvereins.

Eines der Gemälde mit einem prächtigen Segelschiff im Sturm führte meine Gedanken in andere ferne Welten, über die ich mir doch schon einiges angelesen hatte. Großen Eindruck machte auf mich auch eine ziemlich brutale Jagdszene. Ich selbst hatte einen attraktiven Platz auf einem Plüschsofa gefunden, wovon ich den Kopf eines gewaltigen Ebers im Blick hatte. Das Bild veranlasste meinen Freund Klaus und mich zumindest, in einem nahe gelegenen Busch so etwas wie einen Anstand auf einem Baum zu errichten. Die erwünschten Rehe oder Hirsche bekamen wir nie zu blicken.

Eine weitere Sondereinrichtung aus der zweiten Hälfte der 50er Jahre ist erwähnenswert: Die Fernsehstube. Diese war eingerichtet in einem größeren Raum des ehemaligen Hotels „Stadt Dresden". Im Raum fanden so ungefähr 50 bis 60 Personen Platz. Knallvoll habe ich den Raum in Erinnerung, wenn bunte Veranstaltungen angekündigt waren. Zeitiges Kommen sicherte gute Plätze. Der Spaß am Fernsehen hielt sich für mich in recht engen Grenzen. Mein Sehvermögen war nicht so gewaltig, eine Brille wollte ich aber nicht tragen. Ich war jedoch mit meinen Freunden zusammen nach dem Motto: Dabei sein ist Alles. Nicht immer verlief der Fernsehabend in Eintracht mit den älteren Bürgern. Wenn uns das Angebot nicht zusagte, gewann der Hang zum quatschig sein und herumalbern die Oberhand. Die Folge: Verweis aus dem Fernsehzimmer. Das war jedoch nicht schwerwiegend für den weiteren Verlauf des Abends. In einer unserer Stammkneipen, in der wir gerade wieder einmal gut gelitten waren, fand sich genügend Platz.

Ein Abend bei Tante Else

S ie war von keinem von uns eine blutsverwandte Tante. Ihre Art, mit uns und ihren anderen Gästen umzugehen, war in der Regel jedoch um vieles herzlicher als sich Tanten oftmals zu Neffen und Nichten verhalten. Tante Else musste an manchen Tagen sehr viel Verständnis aufbringen, um den Lärm um sie herum und manch absonderliches Verhalten ihrer Stammgäste zu ertragen. Oft stand ihr eine ebenso geduldige Helferin zur Seite, das Fräulein von Knobelsdorff. Sie war Köchin und Serviererin in einer Person und zeigte sich manchmal ziemlich erschüttert über die Einfälle der jungen Fußballer. Eine gewisse Kreativität nämlich, die beim Fußballspiel gefragt ist, fand ihre Überhöhung nach dem Spiel. Es war auch egal, ob Sieg, Niederlage oder Unentschieden, es folgte eine feucht-fröhliche Feier.

Nach dem ersten Sturzbier und einem zweiten oder dann gleich einem Stiefel regte irgendeiner an, das man nun aber ein Lied singen müsse. Als Ouvertüre kam natürlich das Vereinslied in Frage, gewidmet den Farben unserer Fußballtrikotagen.

Rot und weiß, wie lieb' ich dich.
Rot und weiß, ja welch ein Glück für mich.
Rot und weiß sind Farben der Natur, ja der Natur.
Rot und weiß ist uns're Fußballgarnitur.

Im weiteren Text spielt sogar Mohammed eine Rolle, der uns diese Farben zugedacht haben soll.

Ein anderes, ebenso sehr beliebtes Lied war immer und auch mehrfach fällig. Es lobpreist unsere unvergleichliche Heimat, das Sachsenland.

Sachsenland, mein Sachsenland,
an dem schönen Elbestrand, du bist mein Heimatland.
Auf deinen Bergeshöh'n, will ich so gerne steh'n,
und schau so manches Mal ins Elbetal.
Sachsenland, mein Sachsenland, du bist mein Heimatland.

In der zweiten Strophe muss der Sachse seine Gefilden verlassen, kehrt aber in mit der dritten Strophe glückstrahlend in den Schoß der schützenden Heimat zurück.

Der Drang, am Stammtisch in großer Runde zu sitzen und dem Gesang zu huldigen, war bei uns ganz stark ausgeprägt. Es mag nicht immer, vornehmlich zu vorgerückter Stunde, meisterlich geklungen haben. Nach einem Gesangsstück musste selbstverständlich mit einigen Schlückchen nachgeölt werden. Das Repertoire bestand ergänzend aus einer Reihe beliebter Volkslieder, die wir aus der Schule kannten, als noch an jedem Tag vor der ersten Unterrichtsstunde mindesten eine Strophe gesungen wurde. Auch aus der Vorzeit bekannte, in der Neuzeit jedoch nicht so willkommene Texte, darunter „Wir lagen vor Madagaskar ...“ gehörten zum Liedervorrat. Wenn Tante Else selbst in Stimmung war, ging sie mit ihrer

Tante Else hinter ihrem Tresen

Harmonika in Stellung, ob wir wollten oder nicht. Vielleicht kannte oder konnte sie nur dieses eine Lied. Jedenfalls sang sie: „Ein kleiner goldener Ring ...ist ein Geschenk von mir.“

Weil die Tante schon längere Zeit verwitwet war, denke ich, dass mit diesem Liedchen vielleicht eine Jugendliebe aufgearbeitet wurde.

Auch mancher Schlager verließ unsere jugendlichen Kehlen. Damals sang Fred Frohberg den stimmungsvollen Publikumserfolg „Über das weite, weite Meer".

Karli war oft schon ziemlich hin und müde, wohl weniger vom Fußballspiel. Wir drehten deshalb den Tisch mit den Füßen nach oben und packten Karli obenauf zwischen die Tischbeine. Die Tischplatte lagerte auf unseren Knien und dann ließen wir den Tisch wogen wie die wilde See, untermalt von Frohbergs Liedchen. Das war so ein Fall, bei dem Tantchen nach einer Weile auf Unterlassung drängte. Das schaffte sie auch, denn Karli konnte ja nicht stundenlang zur See fahren. Außerdem musste der Tisch wieder seiner Bestimmung zugeführt werden, die nächste Runde Bier zu tragen.

Ein anderes Mal ergab es sich, dass wir glaubten, ein bisschen Theater spielen könne auch ganz schön sein. Aus einem mir nicht mehr erinnerlichen Grund kam „Der sterbende Schwan" zur Aufführung. Auch hierbei kam Karli eine Hauptrolle zu. Nach entsprechendem Vorspiel mit Klagegejammer und Händeringen wurde er auf einen längeren Tisch gelegt. Mit einer Tischdecke bedeckt und umkränzt mit Grünzeug aus dem ehemaligen Biergarten konnte sich Karli, während wir um den Tisch saßen, erholen. Welchen Gesang wir dabei von uns gaben, ist mir leider entfallen.

Interessant war auch das Wurfspiel mit Streichhölzchen. Das ging so. Ein solches Spänchen wurde entzündet. Halb abgebrannt, die Kuppe ordentlich mit Spucke befeuchten und nun die andere Hälfte abbrennen lassen. Das verbliebene verkohlte Stück flach auf die Hand gelegt, auf die Kuppe nochmals eine Portion Spucke und mit Schwung Richtung Decke befördert. Die feuchte Kuppe blieb augenblicklich, jedenfalls sehr oft, an der Decke hängen, Sieger wurde, wer zuerst, je nach „Ausschreibung" drei oder fünf Geschosse an der Decke platziert hatte.

Es kam auch vor, dass wir nach einer kräftigen Schelte von Tante Else und Fräulein von Knobelsdorff das Stammhaus wechselten. Dann konnte das Hotel „Zum weißen Adler" ein Ziel sein. Das Hotel wurde von drei Schwestern betrieben. Niemand von uns sagte, dass wir uns doch im Hotel „Zum weißen Adler" treffen könnten. Der weit geläufigere Name war „Babsche Hand", auf hochdeutsch „Pappige Hand", weil man von einem Händedruck der Gastgeberin rein gar nichts spürte. In diesem Lokal ging es meist ruhiger und manierlicher zu. Doch auch hier blieben die Burschen nicht immer sittsam. In einem Hintergebäude des Hotels fütterten die Schwestern drei Schweine. Einmal gedieh bei einem der Jünglinge der seltsame Geistesblitz, man könne die Schweine doch einmal besichtigen. Weil es in diesem Gebäude sowieso dunkel und der Abend fortgeschritten war, herrschte insgesamt gehörige Finsternis.

Zur Besichtigung der Schweine musste deswegen die Stalltür geöffnet werden. Vielleicht waren wir etwas laut und unachtsam oder die Schweine glaubten, dass jetzt die Schlächter kämen. Jedenfalls nutzten die Schweine die Gelegenheit, um auszubüxen.

Für eine knappe Stunde ergab sich nun eine wilde Jagd über den Marktplatz sowie angrenzende Straßen und Gassen. Nachdem die Schweine wieder in ihrem Stall getrieben waren, machten die zwei anwesenden Schwestern ihrem Unmut sehr deutlich. Daher trauten wir uns zum nächsten Treffen nicht abermals in das Hotel.

Das war wiederum auch nicht schlimm. Denn es standen jede Menge andere Ausweichquartiere zur Verfügung so zum Beispiel die Gaststätte „Zur Post", die „Burenschänke", die Bahnhofsgaststätte, der „Amtshof" und andere. Zur Tante Else führte natürlich auch immer ein Weg zurück.

Anpassung und Vererbung

E in Erbe anzutreten ist oft eine durchaus erfreuliche Tatsache. Ein Mensch kann sich allerdings auch gegen eine Erbschaft wehren, wenn er ahnt oder weiß, dass er sich damit nur Ungelegenheiten, im schlimmsten Fall Schulden, einhandelt. Mit der Vererbung im biologischen Sinn ist das jedoch wesentlich komplizierter. Dagegen kann sich der Mensch nicht wehren.

Ein kleiner Junge weiß selbstredend noch nichts davon, was ihm in die Wiege gelegt wurde, wenn er seine Schule das erste Mal erwartungshaltig von innen beschnuppern darf. Da wirkt noch der Rausch der Zuckertüte und das er ja bald seinen Namen schreiben und Märchenbücher selbst lesen kann. In der Schulklasse ist er nicht allein und erweitert seinen Freundeskreis. Heimatkunde ist ebenfalls sehr erhellend. Die Geschichte und Geschichten seiner Stadt hört er überaus gern.

Nach und nach Zeit geht es dann aber los mit dem Wissenstrichter, der ihm aufgesetzt wird und aus dem unablässig Gelehrsamkeit plätschert.

Was soll er mit Blattformen von Pflanzen anfangen, da er doch später Handwerker werden soll. Das blutige Sezieren einer Bisamratte ist wohl aufregend, doch Tierarzt wird er trotzdem oder gerade deshalb nicht. Ist die Wurzel aus irgendeiner Zahl nicht entbehrlich? Obgleich, die Quadratwurzel toleriert er gerade noch. Warum aber müssen sich in seinem Kopf Jahreszahlen aus vergangenen Jahrhunderten oder gar Jahrtausenden tummeln. Das sich der vierte Heinrich über die Alpen gequält hat, um beim Pabst Absolution einzuheimsen, hatte der Lehrer sehr anschaulich nachgezeichnet. Die Jahreszahl ist dem Jungen dagegen vollkommen egal. Im Gegensatz dazu merkt der Bengel, das ihm die bewusste Anwendung der Hebelgesetze helfen kann, wenn er zum Beispiel mit der Wurfleine einen Ast leichter nach unten ziehen kann, um die Früchte zu ernten.

Problematisch wird etwas Anderes. Jeden Tag aufs Neue muss er sich mit seiner gesamten Umwelt, seinen Freunden, den Eltern und anderen Menschen auseinandersetzen. Alle stellen Forderungen. Er hat schon begriffen, dass er Lesen, Schreiben und Rechnen ganz gut gebrauchen könnte. Doch der ganze andere Rabatz nervt ihn zuweilen. Das Schlimmste aber, das ihn Eltern, Lehrer, Patentanten, auch Nachbarn mit anderen Kindern vergleichen, vor allem mit denen der eigenen Familie.

Der Knabe ist nämlich der viertgeborene Sohn in der Familie, Er ist in seinem Verhalten etwas gröber geschnitzt als die Brüder, mit seinen rotblonden Haaren und reichlich Sommersprossen. Er schlägt also etwas aus der Art. Besonders häufig sind die Vergleiche mit dem ein wenig älteren drittgeborenen. Der ist pflegeleicht und ansonsten viel niedlicher. Man hat den Bruder in der Schule sogar zum Freundschaftsratsvorsitzenden gewählt. Nachdem ihn durchgehende Pferde sehr schwer verletzt hatten, stand er unter besonderem Schutz der Mutter.

Der Kleine spielt bei Elternversammlungen der drei Klassen seines Jahrganges fast immer auch eine bedeutende Rolle. Der Schuldirektor spricht erst über dies und jenes. Gegen Ende packt er den pädagogischen Prügel aus. Er nennt die größten Flegel und Rüpel der gesamten Schule. Zu diesem Trio gehört er fast immer, zum Leidwesen der Mutter. Ihre Traurigkeit der Mutter kann der Junge schon nachfühlen. Er nimmt sich ja auch vor, sich zu bessern.

Die Vererbung indes in ihm ist stärker. Er kann sprichwörtlich nicht über seinen Schatten springen. Im Zeugnis steht meist so etwas wie: Sein Verhalten entspricht seinem Temperament. Oder: Seine Leistungen werden durch sein vorlautes Benehmen wesentlich beeinträchtigt. Mit dem eventuell vorgesehenen Besuch der Oberschule vertrug sich das natürlich nicht. Er erlernte den Beruf eines Bergmannes, auch so ein Quäntchen von Handwerk.

So ist das mit der Vererbung.

Mit der Anpassung ist es auf andere Weise kompliziert. Die Darwinsche Darlegung von Vererbung und Anpassung in ihrer Einheit ist ja theoretisch nicht schwer zu begreifen. Die Tier- und Pflanzenwelt hat sich über Jahrtausende und Jahrmillionen verändert.

Wer möchte schon auf einer Wanderung durch den Tharandter Wald plötzlich einem womöglich fleischfressenden Saurier gegenüberstehen. Dann schon lieber Wölfe, die sich auf einer Radtour durch die Lausitz schnell aus dem Staub machen. Aber Achtung, die passen sich immer besser an.

Auch der Mensch muss sich mit all seinen angeerbten Eigenschaften und Voraussetzungen anpassen. Im Winter zieht er sich von ganz allein wärmer an und in heißen Sommern läuft er lieber ganz ohne umher, so wie seine angeblichen Vorfahren im Urwald. Im Zusammenleben mit den anderen seiner Art ist das schwieriger. Begreifen eigentlich Schwiegermütter immer rechtzeitig, dass mit Auftauchen von künftigen Schwiegersöhnen oder Schwiegertöchtern ein völlig neuer Organismus entsteht. Den anderen Menschen zu akzeptieren, so wie er ist, fällt oft sehr, sehr schwer und führt dann bald zu Komplikationen.

Aus dem Knaben, der manches innerliche Gefecht zu bestehen hatte, ist nun ein Jüngling geworden. Als er sich aus der Kleinstadt in eine Großstadt begab, um in absehbarer Zeit ein ingenieurmäßig gebildeter Bergmann zu werden, wurde er fast vom Lärm und dem Kohlenstaub in der Zwickauer Luft erschlagen. Links und rechts schwere Koffer in den Händen zogen auf der langen, langen Bahnhofstraße die Arme in die Länge und in den Augen fanden sich ständig ausgeblasene Reste der Zwickauer Kokereien. Hier bleibe ich höchstens zwei bis drei Wochen, waren seine Gedanken. Doch die Erkundung der großen Stadt, auch mit den Bars wie Stadtcafe und Astoria und anderen Vergnügungsmöglichkeiten änderten seinen Entschluss rasant. Drei erlebnisreiche Jahre verbrachte er in dieser Stadt und zählte sie später zu seinen schönsten Jugendjahren. Die Anpassung an die neue Welt war gelungen.

Mit sehr viel mehr Erfahrung im Lebensrucksack, schon mit Langzeitblick ins Seniorenalter ergab sich noch einmal, deutlicher als je zuvor der Blick auf den Zusammenhang von Vererbung und Anpassung. Die Deutsche Demokratische Republik, ein ernsthafter, jedoch misslungener Versuch des Sozialismus verging im Strudel der Geschichte. Was nun? Alles über Bord werfen von im Leben erworbenen beruflichen Erfahrungen, an Eigenschaften wie Hilfsbereitschaft und Kollektivgeist, weil die neue Gesellschaft völlig anders strukturiert ist. Es hieß, jetzt müsse das Menschentum östlich der Elbe erst einmal richtig arbeiten lernen. Es waren für den neuen angehenden Bundesbürger Wochen und Monate des Suchens nach Wegen und Möglichkeiten, wie er sein berufliches Leben gestalten könnte.

Natürlich war Anpassung an die neue Zeit in vielfältiger Form dringend erforderlich. Wer hatte sich als Bürger des Vergangenen schon einmal ernsthaft für eine neue Tätigkeit beworben. Also: Überlegen. Was kann ich und was will ich? Welche sind meine anbiet baren Eigenschaften? Die ersten Gespräche mit den Altdeutschen zeigten, dass wir Neudeutschen uns überhaupt nicht mit unserem bisherigen Dasein verstecken mussten. Im Gegenteil, Zähne zeigen, erworbene Kenntnisse und Fähigkeiten, sozusagen das persönliche Erbe, richtig verkaufen.

Allerdings begann gleichzeitig ein gewaltiger Prozess des Lernens, eine mehrere Jahre dauernde Zeit der Anpassung. Diese Anpassung ist so Manchem nicht gelungen, weil er glaubte, dass sich alles von selbst richten würde. Immer wieder im Leben ist die Dialektik von Anpassung und Vererbung zu berücksichtigen, in vielen Situationen, auch bis ins hohe Alter, selbst bis ans Ende des Lebens.

Sondertanzabende und andere Attraktionen

Wenn ich für jeweils eintausend Einwohner meiner Heimatstadt einen Finger gehoben hätte, wäre die zweite Hand zum Weiterzählen nicht mehr nötig gewesen. Vier gereckte und ein gebogener Finger hätten ausgereicht. Trotzdem, in Miniaturausgabe war alles vorhanden, was ein Gemeinwesen interessant und bewohnbar macht. Handel, Schulen, Banken, Handwerk, auch etwas Industrie, Transport, ein Krankenhaus, eine Druckerei und Handwerksbetriebe aller Art rundeten das Bild. Da trug die Stadt auch noch den stolzen Titel Amtsgerichtsbezirk. Dieser Titel ist jedoch nach dem Krieg abhanden gekommen.

In dieser einerseits verträumten Idylle, andererseits auch quirligen Stadt konnte eine Vielzahl an Berufen erlernt werden. Mit den fünfziger und sechziger Jahren hat sich dieses florierende Gemeinwesen jedoch mehr und mehr verschlissen.

Wenigstens zweimal im Jahr lockten mich die Jahrmärkte mit ihren Schießbuden, Karussells, Schaukeln und anderen Belustigungen. Weil das Karussell von Herrn Flohr keinen elektrischen Motor besaß, benötigte es menschliche Antriebskraft. Immer zwei, drei oder vier Jungen kletterten dann nach oben auf einen Rundlauf und schoben das Karussell. Wenn die Tour sich dem Ende näherte, waren zwei andere „fahrende Angestellten" gefragt.

Auf Zuruf von Herrn Flohr warfen sie zwei oder drei Bremsbretter, die mit Ketten am Karussell befestigt waren, auf das Pflaster und sprangen darauf. So wurde das ganze Vergnügen auf Stillstand gebracht. Wenn wir die Dienste einen gewissen Zeitraum geleistet hatten, bekamen wir einige Freifahrtscheine, die wir wiederum manchmal als Tauschobjekt einsetzen konnten.

Wenn Plakate den Kleinzirkus Kaiser ankündigten, konnten wir es kaum erwarten, die ersten Zirkuswagen zu empfangen. Manchmal waren helfende Kinderhände erwünscht beim Zeltaufbau, dem Aufstellen der Sitzbänke oder anderer kleiner Leistungen wie dem Umherführen der Ponys. Das war nicht nur eine schöne Abwechslung,
dafür konnten wir auch eine Freikarte für die erste Veranstaltung erwarten.

Der jährliche Pferdemarkt lockte uns ganz natürlich besonders an. Pferde vieler Rassen, große und kleine waren zu bestaunen. Manchmal waren die

Pferde mit ihrer Geduld eher am Ende als die Käufer und Verkäufer. Dann war es besonders interessant, aber in der Nähe dieser fast schon Zirkusnummern auch gefährlich.

In diesem recht buntem Miteinander boten mehr als dreißig Gaststätten und Kneipen ihre Dienste an Dazu existierten noch zwei stattliche Hotels mit großen Sälen. Die Hotels trugen die stolzen Namen „Goldener Löwe" und „Weißer Adler", ein kleineres nannte sich „Stadt Dresden".

Restauration zum Lindenschlößchen

Mit dem Hineinwachsen in das Jugendalter, ganz besonders nach dem Abschluss der Tanzschule Richter wurden die Ankündigungen von Tanzveranstaltungen anziehender. Seltsamerweise gab es an den Wochen-enden nur wenige Tanzabende in den Sälen der Stadthotels. Die Tanzveranstaltungen fanden immer im Wechsel etwas außerhalb statt.

Entweder im „Lindenschlösschen", kurz als „Linde" bezeichnet, gelegen zwischen Wilsdruff und Grumbach, oder im Gasthof Klipphausen. Wunderbar. Tanzvergnügen an jedem Wochenende. Beide waren aus zwei Gründen besonders beliebt. Erstens waren die Buben und Mädchen etwas weiter weg von verdeckten Kontroll-blicken der Eltern. Zweitens waren die Wege nach Hause, wenn möglich mit weiblicher Begleitung, interessanter und kussversprechender als nur der Weg um die Ecke.

Interessant, etwas großspurig, war indessen, dass jeder Tanzabend auf den Plakaten als „Sondertanzabend" angekündigt wurde. Die Spielweise der manchmal nur Trios, trotzdem sie sich Kapellen nannten, allerdings oft weniger „sonder" als meist eher recht simpel, waren denn sie waren in der großen Mehrzahl Feierabendmusiker. Aber ohne sie eben auch keine Sondertanzabende.

Gegen Ende der 50er Jahre wurde plötzlich eine neue Art von Sonder-tanzabenden angekündigt und zwar einmal monatlich für einen Mitt-wochabend im Lindenschlösschen.

Die Tanzkapellen für diese Abende hatten schon klangvollere Namen und waren auch über das engere Territorium hinaus bekannt. Diese Ver-anstaltungen sollten vor allem ein Angebot an die Landjugend sein und tatsächlich fanden sich Töchter und Söhne der Bauern in größerer Anzahl ein. Die Endzeit der Kollektivierung hatte noch nicht geschlagen.

Sicher wollte die Obrigkeit auch vorführen, welche Möglichkeiten die Landjugend haben würde, wenn die Kollektivierung mehr Freizeit gestat-tet. Natürlich waren diese Abende, sie nannten sich offiziell „Landjugentanz", auch für die Jugend der Kleinstadt eine willkommene Bereicherung der Freizeitangebote. Nur manches war eher ärgerlich. Die Töchter der Bauern aus der Umgebung wurden von den natürlich eben-falls anwesenden Bauernsöhnen meist gut bewacht und anschließend von den Vätern mit Autos abgeholt.

Bei unseren Aufforderungen zum Tanz gingen die Dorfschönen, wie jedenfalls damals bei Mädchen üblich, im Schwarm zur Toilette oder hat-ten gerade eine Pause nötig. Aber wenn ein Bauernlümmel zum nächsten Tanz aufforderte, waren sie offensichtlich wieder erpicht auf eine Tanz-runde. Was blieb uns übrig, als sich einem weiteren Bierchen zu widmen, was die Chancen im Laufe des Abends nun auch nicht erhöhte. Was da-gegen deutlich zunahm, waren Unmut und etwas Zorn auf die Bauern-jungen. Andere Stadtjungen provozierten aus Ärger auch manchmal eine körperliche Auseinandersetzung mit einem Dörfler. Das war aber nicht der Stil meiner Clique.

Lothar, ein allseitig rustikaler Typ, hatte eine andere Idee, um den Är-ger abzubauen. Wir anderen fanden sie eigentlich nicht machbar, aber Siegfried meinte, wir sollen ihn nur machen lassen. Von einem Tisch am Rande des Saales, die Bauerntölpel tanzten alle mit ihren Dorfschönen, nahm er ein etwa knapp halbvolles Bierglas mit zur nahen Toilette. Als er zurück war, war das Glas reichlich halbvoll.

Mit Wasser, so sagte rachevoll, habe er nicht nachgefüllt. Als das für das Glas zuständige verschwitzte Bäuerlein das Mägdelein genügend betanzt hatte, war es natürlich durstig. Wir standen unweit hinter einer Säule. Der Junge nahm einen Schluck, schaute etwas seltsam und trank das Glas trotzdem innerhalb weniger Minuten leer. Diese Art der Strafe, Lothar hatte vorher von der Tanzpartnerin des Bäuerleins einen Korb bekommen, war sehr eigenwillig und grotesk, in unseren Augen aber eher lustig und angemessen.

Panzerknacker und Staubkönig

Nach Beendigung des Bergbaustudiums bin ich vor meiner Rückkehr in den Freitaler Steinkohlenbergbau zunächst für drei Monate auf dem Schacht „Deutschland" in Oelsnitz tätig. Als Assistent des Abteilungssteigers soll ich die Produktionsabläufe in einem Bergbau-Großbetrieb kennenlernen. Ich krieche während der Sonnabendfrühschicht auf allen Vieren hinter dem Abteilungssteiger Kurt Staller aufwärts durch den Streb. Er weist mich auf Besonderheiten hin und unterrichtet die Hauer darüber, dass ich ab Montag in der Mittagschicht als Schichtsteiger für sie zuständig sein werde. Beiläufig weist er auf einen Hauer und sagt zu mir: „Dem Panzerknacker dort drüben musst du notwendige Anweisungen gelegentlich zweimal erteilen. Der weiß sehr oft alles besser und merkt erst danach, dass er nicht recht hat. Seine Frau kann davon ein Lied mit vielen Strophen singen. Im letzten Winter hat er seine Frau samt Umgebung ganz besonders in Angst und Schrecken versetzt."

Bis zum gemeinsamen Frühstück mit dem „Staller-Putz", wie er genannt wird, denke ich darüber nach, wie der Hauer Walter Wallmann, wie er richtig heißt, zu seinem Spitznamen gekommen sein könnte. Der Abteilungssteiger erzählt mir nun, dass der Hauer an der Ostfront als Panzerjäger eingesetzt war. Die Anzahl der erfolgreich bekämpften Panzer müsse jedoch seiner Phantasie entspringen und deshalb habe er diesen Spitznamen abgefasst. Die Neugier hat mich gepackt und ich will wissen, was denn da im letzten Winter so angstvoll und schrecklich gewesen sei. Daraufhin verlängert Staller-Putz das Frühstück etwas und erzählt mir folgende Begebenheit.

Für viele Bergleute ist es üblich, sich vor Ende der Schicht einen Abschnitt von einem Holzstempel zurecht zu sägen und mit nach Hause zu nehmen, weil sich die daraus geschnitzten Hölzerchen gut zum Feueranmachen eignen. Walter aber geht noch weiter. Von seinen ihm zustehenden einhundert Zentnern Deputatkohle hat er leider zu viel an seine Verwandtschaft verteilt und deshalb liegt in seinem Keller nur noch ein für den Restwinter zu kleiner Haufen Briketts.

Er denkt sich, warum nicht auch einige kleinere Stücken Steinkohle mit nach Hause nehmen? Ein älterer Schießhauer sagt ihm jedoch, dass sich Steinkohle nicht für den eigenen Ofen eignet und diesen außerdem kaputt macht. Das möchte er natürlich nicht und diesmal glaubt er dem erfahrenen Schießhauer.

Im Grubengebäude, vor allem in der Nähe der Abbaue liegt überall, wo er Platz findet, feiner Kohlenstaub. Wenn sein Ofen keine Kohlestückchen verträgt, so doch aber vielleicht den reichlich vorhandenen Staub. Außerdem ist der Transport einer kleinen Menge davon einfacher. Dieses Mal fragt Walter keinen seiner Kollegen, bringt von zu Hause eine Tüte mit und füllt sie, er hat Mittagschicht, kurz vor Schichtende mit Kohlenstaub.

Als er nach der Schicht in seiner etwas abseits liegenden Reihenhaussiedlung ankommt, schläft seine Frau schon. Wecken will er sie nicht wegen der Tüte. Seine Frau steht immer recht früh auf, weil sie die zwei Kinder für die Schule fertig machen muss. Danach heizt sie den Küchenofen an. Im Winter spielt sich das Familienleben in der Woche sowieso nur in der Wohnküche statt und deshalb ist morgens immer noch genügend Restwärme vorhanden.

Walter schreibt auf einen Zettel: Nach dem Anheizen und wenn zwei oder drei Briketts glühen, kannst du die Tüte in den Ofen werfen.

Der nächste Morgen beginnt. Walter liegt noch im Bett. Er muss sich ja erst gegen Mittag für die nächste Schicht rüsten. Die Kinder beeilen sich immer sehr, um in die warmen Sachen zu kommen, frühstücken schnell und verschwinden aus dem Haus.

Frau Wallmann wickelt danach ihr tägliches Programm ab. Nachdem der Küchenherd schon beginnt, erste Wärme in die Küche zu liefern, erinnert sie sich an die Tüte. Aber sie hat nun schon mehr als zwei Briketts eingelegt und für die ganze Tüte ist kein Platz mehr. Also lässt sie das Feuer noch etwas niederbrennen und greift dann zur Tüte. Vorsichtig, wie sie ist, will sie doch lieber eine Probe machen, wie der Kohlenstaub das Feuer annimmt. Sie schüttet auf ihre Ascheschaufel einen Teil des Staubes, öffnet die Ofentür und gibt den Staub mit einem Schwung über die Glut. Kaum hat sie Ofentür geschlossen und ist einige Schritte weg vom Ofen, gibt es einen fürchterlichen Rums. Es klirrt auch irgendwie und sie fühlt sich wie von hinten nach vorn gestoßen. Als sie sich umdreht, sieht sie die Folgen des Donnerschlags am und auf dem Ofen sowie in der Ofennähe. Die Ofentür hängt nur noch an einem Scharnier, einige Ofenringe sind weggeflogen und das Ofenrohr steht schief über dem Ofen. Aus der Ofentür und der Herdplatte dringt Rauch, Staub und

Gestank. Kleine Glutstückchen liegen auf und vor dem Ofen. Sie steht wie versteinert vor dem Chaos. Da stürzt Walter herein und schiebt sie durch die Küchentür hinaus. „Bleib draußen", brüllt er ihr noch zu. Als erfahrener Bergmann, der Untertage schon manches erlebt hat, handelt er schnell und besonnen. Die Tüte mit dem Rest des Kohlestaubes wirft er zum Fenster hinaus. Er schließt das Fenster, um keinen weiteren Sauerstoff in die Küche fließen zu lassen. Er greift sich alle Lappen, die er finden kann, reißt sogar ein Stück Gardine ab, macht sie klatschnass und wirft sie auf die Glutstückchen. Erst danach schaut er zum Ofen. Doch da hat sich der Küchenvulkan schon beruhigt. Er qualmt und stinkt nur noch durch das Loch der Küchenplatte nach oben. Jetzt erinnert er sich dunkel an den Bericht eines alten Bergmannes, dass ein geeignetes Gemisch von aufgewirbeltem Kohlenstaub und Sauerstoff sehr, sehr explosiv sein kann. Er prüft die Restglut im Ofen, kratzt sie vorsichtig in den Aschekasten und löscht sehr behutsam die Restglut. Nun holt er seine Frau wieder herein und sagt: „Bleib ganz ruhig, Helga. Du kannst als nächstes erst einmal tüchtig durchlüften."

Der laute Knall und der danach abziehende Qualm bleiben den Frauen in den Nachbarhäusern freilich nicht verborgen. Heinz, der bekanntlich sowieso ein Geschichtenerfinder ist, erzählt den Nachbarfrauen etwas von Silvester-Tischfeuerwerk, das irrtümlich in den Ofen gelangt sei. Seine Frau verpflichtet er, nie jemand etwas von dem Kohlenstaub zu erzählen.

Die Explosion im Haus Wallmann findet ihren Weg trotzdem auch bald in die Untertagewelt des Deutschland-Schachtes. Auch hier wiederholt Heinz die Mär vom Tischfeuerwerk, hat aber etwas übersehen. Ein anderer Hauer aus seinem Streb hatte beobachtet, wie Heinz eine Tüte mit Kohlenstaub füllte und mitnahm, sich aber nichts dabei gedacht. Nun kann die Wahrheit nicht mehr nur in den Köpfen von Heinz und Helga verharren.

Es bleibt nicht aus, dass ein einfallsreicher Hauer einen weiteren Spitznamen für Walter erfindet. Man nennt ihn jetzt zusätzlich den „Staubkönig".

Während Walter den Spitznamen „Panzerknacker" mit Würde und wohl auch verstecktem Stolz trägt, reagiert er auf den neuen Namen zunächst sehr, sehr gereizt und ungehalten. Mit der Zeit gewöhnt er sich trotzdem an den Spitznamen. Er gibt sogar ein bisschen damit an, dass er der einzige Träger zweier Spitznamen auf dem Schacht, vielleicht sogar im gesamten Oelsnitzer Steinkohlenrevier ist.

Die Metamorphose des Otto P.

E s ist eine kleine und sehr junge Schule, die Anfang der 50er Jahre den Nachwuchs für den Steinkohlenbergbau im Plauenschen Grund ausbildet. Wenn der Jahrgang vor uns im Sommer die Lehrzeit beendet, werden wir nur noch zwei Klassen sein. Insofern führt unsere Betriebsberufsschule ein zwar eigenständiges Leben neben den großen Berufsschulen in Freital, aber wir Bergbaulehrlinge sind eben etwas Besonderes. Was treibt die Jungen aus Freital und seiner weiteren Umgebung, aus vielen Stadtteilen Dresdens, sogar aus Kleinzschachwitz und Radebeul nur an, den Bergmannsberuf zu ergreifen. Für manchen Freitaler Buben ist das einfach nur die Weiterführung der Tradition in der Familie. Was die Weitfahrer antreibt, ist sehr bunt gemischt. Teilweise zwei und mehr Stunden Anfahrt zu den Döhlener Höhen, nur um später in die Dunkelheit der Tiefe abzutauchen? Die Vergünstigungen, darunter viele Zentner Deputatkohle haben die Entscheidungen in den Familien sicher beeinflusst.

Der Frühling im Jahr 1953 hat sich bereits im Februar gemeldet und wir haben deshalb in Sondereinsätzen einen Volleyballplatz hinter unserem Schulhaus hergerichtet. Es ist kein richtiges Schulhaus. Diesem Zweck dienen in diesem Haus nur ein größerer und ein kleinerer Raum. Im Gebäude sind außerdem die Leitungen von Partei, Gewerkschaft, der FDJ und die Redaktion der erst vor wenigen Wochen ins Leben gerufenen Betriebszeitung „Der Kumpel" untergebracht. Auch die „Kasse der genseitigen Hilfe" und noch andere Gremien finden hier ihr Domizil.

Das Spiel mit dem Volleyball schwabbelt damals wie ein Virus über das ganze Land. Vor wenigen Jahren noch spielte man eher Völkerball, bei dem der gegnerische Spieler abgeschossen werden musste. Also nun eher Volleyball. Es ist wohl der Ostwind, der es auch zu uns an die Berufsschule treibt. Nun ist der Platz Anfang März noch nicht ganz bespielbar, als der Unterricht plötzlich unterbrochen wird. Wir treten im Karree auf dem Volleyballplatz an.

Der Gesundheitszustand von Väterchen Stalin hatte sich von Tag zu Tag verschlechtert. Die Zeitungen nennen in den größten Genius unserer Epoche und den besten Freund des deutschen Volkes. Diese und andere Lobpreisungen fließen reichlich auch aus dem Mund unseres Schulleiters. Man hört, er hätte vor nicht allzu langer Zeit eine braune Uniform mit einem verhakelten Kreuz am Arm getragen. Aber nun erteilt er das Fach Gegenwartskunde, holt sich sein Wissen seit 1951 aus dem Parteilehrjahr der SED und verliest seit Ende Februar täglich das Bulletin zum Gesundheitszustand des Väterchens.

Nun ist Josef Wissarionowitsch verstorben. Der Schulleiter steht vor dem Karree, hinter ihm die wenigen Lehrer unserer Schule. Anlässlich des Geburtsages von Stalin im vergangenen Dezember hatten wir das Gedicht „Im Kreml brennt noch Licht" behandelt und nun trägt ein Lehrling dieses Gedicht vor. Otto P. hat sich ein tränenumflortes Antlitz zugelegt und senkt seine Stimme zur Betonung dieses ungeheuren Verlustes für die ganze Menschheit. Dann steigen wohl Erinnerungen an Appelle vergangener Jahre in ihm hoch, er strafft sich, knallt die Hacken zusammen, reißt die Hand zum Gruß an den Kopf und schmettert über uns hinweg:" Ewig bleibst du unser Führer, teures Haupt, Genosse Stallin."

Väterchen Stalin ist noch nicht lange hinter der Kremlmauer verschwunden, geht es im Sommer 1953 in unserem Land turbulent zu.

Einen mehrtägigen Erntehilfeeinsatz in der Paten-LPG in Birkenhain haben wir gerade beendet. Seit einigen Tagen findet wieder Unterricht statt. Einige Lehrlinge haben die Tumulte auf dem Dresdner Postplatz hautnah miterlebt und einer berichtet, wie er abgeführt wurde. In meine verträumte Kleinstadt, in der ich wohne, dringt die revolutionäre Situation aber nur wenig vor. Trotzdem spüre ich auch die vorhandene Spannung, mache mir aber keine besonderen Gedanken.

Aber sonderbar ist, dass Otto P. zunächst nirgends zu blicken ist. Statt der zwei Stunden Gegenwartskunde dürfen wir Volleyball spielen, was uns auch ganz recht ist. Die zwei letzten Unterrichtsstunden im Fach Bergbaukunde sind vorbei und ich springe die Treppen hinunter. Ich muss mich sowieso immer sehr beeilen, um meinen Zug nach Wilsdruff zu erreichen. An diesem Tag trage ich die von mir eigentlich nicht gemochte beige-braune FDJ-Jacke. Auf der linken Brust sind das FDJ-Abzeichen und das der vor wenigen Monaten gegründeten Gesellschaft für Sport und Technik angeheftet. Die Ärmel der Jacke sind zu lang, die Schulternähte hängen etwas über die Schultern und ich fühle mich darin, als ob ich einen Mantel anhätte. Eine passende kleinere Nummer hatte der eifrige FDJ-Sekretär K. aber nicht zu bieten. Der größte Teil der Bergbaulehrlinge hat eine solche Jacke für wenige Mark mit ein bisschen

Nachdruck gekauft. Als „Proletarier der Tiefe" sollten wir uns wohl von anderen Lehrlingen etwas abheben.

Da steht er mir plötzlich im Wege, der Schulleiter Otto P. Er fasst mich an den Schultern und rüttelt mich. Seine aufgeregten Worte stürzen auch mich ein. „Bist du verrückt. Weißt du nicht, was los ist, was da gerade in Dresden und vielleicht auch hier passiert." Ich blicke ihn an und denke nur an die Zugabfahrt in Freital-Zaukerode. Er greift nach den Abzeichen. „Mach die Abzeichen sofort ab und zieh die Jacke aus. Die Zeiten ändern sich. Es wird wieder alles ganz anders." Den Gefallen kann ich ihm tun, obwohl ich gar nicht so richtig weiß, was er will. Ich verstaue die Jacke in meiner Igelitt-Aktentasche und renne davon, um die verlorene Zeit aufzuholen.

Otto B. sind in diesen Tagen das Gedenken an Stallin und die Themen des Parteilehrjahres offensichtlich vollkommen verrutscht. Eher sind in ihm wohl andere Erinnerungen wach geworden. Dass er als unser Schulleiter plötzlich nicht mehr da war und als Lehrer an einer anderen Berufsschule aufgetaucht sein soll, hat mich wie das Wetter des vergangenen Sommers interessiert.

Der Vorgang war für viele Jahre in meinem Gedächtnis verschwunden. Erst bei einem Treffen ehemaliger Bergbaulehrlinge ist die Erinnerung daran wieder aufgebrochen.

Eisenbahngeschichten

E in Eisenbahnzug hält nicht an jedem „Kaff". Ein richtiger Bahnhof muss schon seine Bedeutung haben. Der Bahnhof in meiner Heimatstadt war für mich für nahezu zwei Jahrzehnte ein bedeutender Ort. Ein Ort für Verabschiedung in die weite Welt, ein Ort für Wiederkehr, vor allem aber ein Ort voller Erinnerungen. Im großen, hochintelligent angelegten Eisenbahnnetz in Sachsen vielleicht unbedeutend, aber für die kleine Stadt Wilsdruff die Möglichkeit, die Welt nach Meißen, Nossen, Freital und anschließend darüber hinaus zu bereisen.

Mit dem ersten Frühzug kurz vor Fünf begann täglich meine Reise nach Potschappel oder Zaukerode. Schnell einsteigen, einen Viererplatz erwischen und dann eine Aktentasche auf die Knie der vier Platzierten. Skatkarte auspacken und los geht's im Kampf um die „Zehntel" Jeder Teilnehmer hat ein Reservoir an Groschen, Fünfern und Pfennigen, weil die „Gewinne" sofort ausgezahlt werden. Wir sitzen im Raucherabteil. Ich denke, dass der größte Teil der Mitfahrer Raucher waren, denn schon bis zur Station Kesselsdorf ist die Luft ziemlich dick. Die Menschen, die dann noch in Wurgwitz einsteigen müssen, kann ich im Nachhinein noch bedauern.

Auf der Heimfahrt von Freital nach Wilsdruff war der Schaffner oder die Schaffnerin wohl so manches Mal der Verzweiflung nahe und haben die „Jugendabteile" eher gemieden.

Zurzeit, wenn die Kirschen reiften, war die Strecke zwischen Wurgwitz und Kesselsdorf besonders interessant. Die Lokomotive schnaufte dem Berg entgegen. Das war die Gelegenheit, vom Wagen abzuspringen, in aller Ruhe die Kirschbäume zu plündern, um dann in Kesselsdorf im nächsten Zug wieder zuzusteigen.

Göbbels auf dem Kübel

Luft ist nicht gleich Luft. Untertage heißt die Luft Wetter. Im Untertagebergbau ist sowieso vieles anders. Die Bergleute sind untereinander oft nicht mit ihren geburtlichen Namen bekannt. Während der Arbeit spricht man sich natürlich mit dem Vornamen an. Diejenigen, die jeden Tag oder doch öfter zusammen arbeiten, kennen auch den Familiennamen. Die arbeitsmäßig weiter entfernt liegenden oder die aus anderen Schichten sind sehr viel besser unter ihrem irgendwann erworbenen Spitznamen bekannt und werden auch unter diesem gehandelt.

Der Fördermaschinist Heinz S. war weitaus bekannter unter dem Namen „Sieben-mal-Bettwäsche". Er hatte diese Mehrfach-Bettwäsche zur Hochzeit bekommen, war sehr stolz darauf und erzählte es jedem, ob derjenige es hören wollte oder auch nicht.

Der „Baron" war natürlich nicht adligen Geblüts, sondern bezog seinen Namen aus Auftritten in diversen Etablissements Dresdens, in denen vor allem ledige Damen verkehrten.

Warum aber heißt ein Bergmann „Göbbels?

Sein richtiger Name ist vollkommen verschüttet in der Erinnerung. Er war klein von Wuchs und engbrüstig gebaut. Aus dem Krieg hatte er eine Verletzung mitgebracht und zog deshalb eines seiner Beine ein bisschen nach. Über einer etwas spitzen Nase blickten unruhige Augen aus einem schmalen Gesicht. Dazu kam, dass er sehr schnell sprach, in seinem Redefluss schwer zu bremsen war und zudem recht stark nuschelte. Man verstand ihn kaum. Abgesehen von der Nuschelei hatte dieses Erscheinungsbild wohl einen der älteren Kumpel an den Naziredner erinnert.

Göbbels hatte die Aufgabe, eine Förderbandanlage zu beaufsichtigen. Eine einfache Aufgabe, die er gut bewältigen konnte. Für andere Aufgaben war er etwas einfach gestrickt und auch körperlich kein Weltbeweger.

Doch eine Eigenschaft hob ihn unter den Bergleuten hervor. Kaum war er an seinem Arbeitsplatz angelangt, machte er sich auf den Weg zum Kübel. Das ist ein einen knappen Meter hoher Metallbehälter in einem etwas abgelegenen Grubenbau, in die die Bergleute bei höchstem Drang auch einmal ihre Notdurft verrichten können. Aber der Kübel ist eben nur für den Notfall gedacht, weil sich der Duft des Kübels, manchmal

119

schon halb oder dreiviertel gefüllt, und bei Gebrauch auch mit neuen Düften mit den Wettern in die nachfolgenden Grubenbaue verteilt.

Der Göbbels war schon vielfach darauf aufmerksam gemacht worden, dass er sein Geschäft doch vorziehen und schon Übertage erledigen solle. Er meinte jedoch immer wieder, dass er das nicht könne.

Einer hatte die Idee, dass man den Göbbels dann eben auf etwas drastische Weise umerziehen sollte. Es war ja bekannt, dass Göbbels gleich nach der Einfahrt zum Kübel eilte. In den Kübel aber hatten die bösen Buben schon zu Schichtende des vorangegangenen Tages einen langen Pressluftschlauch gelegt.

Göbbels hatte sich gerade auf seinem Kübel eingerichtet, als die Buben den Presslufthahn aufdrehten.

Eine weitere Schilderung über den Zustand des Göbbels erübrigt sich wohl. Er wurde vom Steiger erst einmal als Einzelseilfahrt wieder nach Übertage gebracht. Für den Rest der Schicht wurde er vom Lagerverwalter mit einigen Sachen ausstaffiert, die ihm allerdings viel zu groß waren. Die Fahrt nach Untertage war danach nicht mehr möglich, weil inzwischen die Kohleförderung wichtiger war als die Rückführung von Göbbels nach Untertage. Er bekam für den Rest der Schicht eine Aufgabe auf dem Holzplatz.

Die erteilte Lektion war sehr heftig, vielleicht auch zu grob.

Aber Göbbels hat sich von diesem Tag an befleißigt, seinen Körper anders zu trainieren und mit der Zeit ist ihm das auch gelungen.

Abenteuer

Dunkelheit vor mir
Dunkelheit hinter mir
Im taumelnden Licht
Begleiten mich
Gedanken gewesener Zeit
Und Stille
Im kaum spürbaren Lufthauch

Ich laufe in die Dunkelheit
Aufgelöst Schritt für Schritt

Kaum vernehmbares summen und brummen
Verstärkt zum kreischen und dröhnen
Aufgebäumt schrill und ohrenbetäubend

Zerfallene Dunkelheit im diffusen Licht
Hinter Gemisch von Staub und Öldunst
Zwei Gestalten schweißglänzend

Höllenlärm zur Stille erstorben
Nur leise Worte
Verdichtet zum gebrochenen Satz

Dann beherrschtes Inferno
Sekundenlang Donnerschlag auf Donnerschlag
Der Berg wird aus seinem Schlaf gerissen

Gesteinstrümmer, Schwaden aus Staub und Gasen
Eine Wand aus Gestein
Das noch kein Mensch sah
Vielleicht Kohle tiefschwarz
Eine neue Welt
Die ich nur heute sehen kann
Am nächsten Tag
Ein neues Stück Tiefe
Abenteuerlich
Jeden neuen Tag
Ich gehe zurück in die Dunkelheit hinter mir
Gedanken begleiten mich in das Morgen

www.tredition.de

Über tredition

EIN EIGENES BUCH VERÖFFENTLICHEN

tredition wurde 2006 in Hamburg gegründet. Seitdem hat tredition mehrere tausend Buchtitel veröffentlicht. Autoren veröffentlichen in wenigen leichten Schritten gedruckte Bücher, e-Books und audio-Books. tredition hat das Ziel, die beste und fairste Veröffentlichungsmöglichkeit für Autoren zu bieten.

tredition wurde mit der Erkenntnis gegründet, dass nur etwa jedes 200. bei Verlagen eingereichte Manuskript veröffentlicht wird. Dabei hat jedes Buch seinen Markt, also seine Leser. tredition sorgt dafür, dass für jedes Buch die Leserschaft auch erreicht wird.

Im einzigartigen Literatur-Netzwerk von tredition bieten zahlreiche Literatur-Partner (das sind Lektoren, Übersetzer, Hörbuchsprecher und Illustratoren) ihre Dienstleistung an, um Manuskripte zu verbessern oder die Vielfalt zu erhöhen. Autoren vereinbaren direkt mit den Literatur-Partnern die Konditionen ihrer Zusammenarbeit und partizipieren gemeinsam am Erfolg des Buches.

Das gesamte Verlagsprogramm von tredition ist bei allen stationären Buchhandlungen und Online-Buchhändlern wie z. B. Amazon erhältlich. e-Books stehen bei den führenden Online-Portalen (z. B. iBookstore von Apple oder Kindle von Amazon) zum Verkauf.

Jetzt ein Buch veröffentlichen: **www.tredition.de**

Seit 2009 bietet tredition sein Verlagskonzept auch als sogenanntes "White-Label" an. Das bedeutet, dass andere Personen oder Institutionen risikofrei und unkompliziert selbst zum Herausgeber von Büchern und Buchreihen unter eigener Marke werden können. tredition übernimmt dabei das komplette Herstellungs- und Distributionsrisiko.

Zahlreiche Zeitschriften-, Zeitungs- und Buchverlage, Universitäten, Forschungseinrichtungen, u.v.m. nutzen diese Dienstleistung von tredition, um unter eigener Marke ohne Risiko Bücher zu verlegen.

Alle Informationen im Internet:**www.tredition.de/Buchverlage**

tredition wurde mit mehreren Innovationspreisen ausgezeichnet, u. a. Webfuture Award und Innovationspreis der Buch-Digitale.

tredition ist Mitglied im Börsenverein des Deutschen Buchhandels.

FSC
www.fsc.org
MIX
Papier | Fördert
gute Waldnutzung
FSC® C083411

Zeitfracht Medien GmbH
Ferdinand-Jühlke-Straße 7
99095 Erfurt, Deutschland
produktsicherheit@kolibri360.de